Ismael Leandry-Vega

Doctor en Jurisprudencia
Premio Derecho Penal
Facultad de Derecho Eugenio María de Hostos
Premio Benicio Sánchez Castaño – *Colegio de Abogados de Puerto Rico*

I0474837

Usted no tiene privacidad

El fin del derecho a la privacidad

Editorial Espacio Creativo

North Charleston, SC

ISBN-13: 978-1494238513   ISBN-10: 1494238519

Editorial Espacio Creativo, North Charleston, SC.

Derechos de propiedad: Ismael Leandry-Vega

Standard Copyright License – Copyright: © 2014 Ismael Leandry-Vega

Correo electrónico: *leandry2004@yahoo.com*

Datos para catalogación:

Ismael Leandry-Vega

Usted no tiene privacidad: el fin del derecho a la privacidad

Editorial Espacio Creativo. 2014. North Charleston, SC.

1. Agencias de espionaje
2. Agencias de inteligencia
3. Agencia de Seguridad Nacional (NSA, según sus siglas en inglés)
4. Derecho a la privacidad
5. Espionaje doméstico
6. Espionaje electrónico
7. Espionaje telefónico
8. Piratas informáticos

Tabla de contenido

Capítulo uno
Derecho a la privacidad

Capítulo dos
El espejismo de la privacidad

Capítulo tres
Los tribunales y la privacidad

Capítulo cuatro
La era del «Big Brother»

Capítulo cinco
Frases y pensamientos

Capítulo uno
Derecho a la privacidad

I. Derecho a la privacidad

Tengo que decir, de entrada, que todo ser humano tiene derecho a la privacidad. Eso significa que, en teoría, ni las constituciones, ni las leyes ni las decisiones judiciales les otorgan a las personas el derecho a la privacidad. Por eso se puede decir que todos los seres humanos, una vez salen de los vientres maternos, *gozan del derecho a la privacidad.*

Ahora bien, usted podría estar preguntándose la razón por la cual el Derecho habla sobre darle protección al derecho a la privacidad. Sobre eso, debe saber que lo único que hace el Derecho es: (1) recordarle a la raza humana sobre la existencia del mencionado derecho; y (2) proteger –por medio de la fuerza de los tribunales y *de los cuerpos policiales*– el derecho a la privacidad.

A eso se suma que el Derecho, que en muchos países se ha convertido en una poderosa arma para fastidiar a los adversarios políticos, le advierte al Gobierno que debe respetar el derecho a la privacidad. Por eso está en lo correcto la **Organización de las Naciones Unidas** cuando dice que el derecho a la privacidad, al igual que otros derechos humanos, está reconocido «por las leyes internacionales y (...) los Estados tienen la obligación de respetarlo.»[i]

Dicho eso, es obvio que ha saltado a la vista una interrogante, a saber: ¿qué protege el derecho a la privacidad? Para contestar dicha interrogante, puedo comenzar diciendo que el mencionado derecho «protege la libertad individual, la libertad de expresión, la intimidad y la dignidad personal.» Y no se puede olvidar, además, que el derecho a la privacidad «contiene dentro de sí la protección de datos (...).»[ii]

Debe notar que indiqué que el derecho a la privacidad protege los datos personales de las personas. Pues bien, es importante aclarar que dicha protección es tan abarcadora que: (1) le aplica al Gobierno; y (2) le aplica a las personas naturales y jurídicas. En otras palabras, ni los Gobiernos, ni los ciudadanos ni las empresas pueden intervenir ilegalmente con *los datos personales* de las personas.

Debe notar, además, que indiqué que el derecho a la privacidad también protege la libertad de expresión. Pues bien, eso significa que toda persona tiene la obligación de respetar, entre otros asuntos, las «comunicaciones» privadas de los ciudadanos.[iii] Por eso es que, por ejemplo, viola el derecho a la privacidad el ciudadano de a pie que, descaradamente, se apropie ilegalmente de la correspondencia de otro ciudadano con el fin de leer su contenido.

A eso se suma que, el Gobierno también viene obligado a respetar las comunicaciones privadas de los ciudadanos. Por eso el Gobierno no puede, *ni tan siquiera en nombre de la seguridad nacional,* interceptar, abrir ni analizar la «correspondencia» de una persona a menos que, claro está, tenga una orden judicial.[iv]

II. El fin del derecho a la privacidad

Ahora bien, debo advertir que todo lo antes discutido ha sido teóricamente hablando. Digo eso ya que, en realidad, el derecho a la privacidad ha desaparecido. Y ha desaparecido ya que los ciudadanos han permitido que los Gobiernos, en nombre de la seguridad nacional, hayan destrozado el mencionado derecho por medio de legislaciones neofascistas y, sobre todo, por medio de acciones orwellianas y neofascistas.

De hecho, se sabe que en la inmensa mayoría de los países, incluso en EUA y en el Reino Unido, los Gobiernos han aprobado unas draconianas normativas jurídicas que, en nombre de la seguridad nacional, les permiten interceptar las comunicaciones de los individuos «sin que éstos estén al tanto ni, mucho menos, puedan cuestionarla o impugnarla.»[v]

Así, por ejemplo, si vamos a Estados Unidos de América veremos que un analista de inteligencia, *desde su poderoso computador* y sin haber obtenido una orden judicial, «puede acceder a la sesión de un usuario en tiempo real, así como a sus correos, teléfonos y actividad en Internet.»[vi]

Tampoco se puede pasar por alto que los ciudadanos, imbécilmente, también han provocado la desaparición del derecho a la privacidad ya que, tácitamente, han renunciado a dicho derecho por medio de una *desmedida, incontrolable e irresponsable* expansión y utilización de la tecnología.

Así, por ejemplo, millones de ciudadanos saben –aunque también hay cientos de miles que no lo saben– que cada vez que utilizan productos y/o servicios tecnológicos que están relacionados con las empresas «Google, Facebook, Twitter, Apple y Microsoft» están renunciando a su derecho a la privacidad.[vii] Pero, a pesar de saber eso siguen: (1) utilizando los mencionados productos y/o servicios; y (2) *permitiendo el mencionado espionaje.*

También es asombroso y espeluznante saber que millones de personas siguen comprando y utilizando televisores inteligentes a pesar de saber que muchos de esos «televisores inteligentes», que se pueden conectar a la red de Internet, pueden ser intervenidos por piratas informáticos y analistas de inteligencia con el fin de obtener informaciones valiosas sobre las personas. De hecho, se sabe que *los analistas de inteligencia y los piratas informáticos* más talentosos, entre otras acciones, pueden «acceder de forma remota a las cámaras de vídeo integradas en miles de televisores inteligentes y recibir las imágenes de cada paso que dan los usuarios en su propia casa...».[viii]

Por eso es correcto decir que el derecho a la privacidad, que se ha convertido en un asunto utópico *en muchos países,* «se ha visto directamente afectado por el desarrollo de ciertos usos de la tecnología moderna.»[ix]

Dicho eso, es obvio que ha saltado a la vista la siguiente pregunta: *¿por qué utilizar los mencionados productos y/o servicios significa renunciar al derecho a la privacidad?* En primer lugar por motivo de que los dueños de dichas empresas, al igual que algunos de sus gerentes y empleados, pueden saber lo que realizan los ciudadanos mientras utilicen sus servicios y/o productos.

A eso se suma que en la mayoría de los países, sin necesidad de obtener órdenes judiciales, las agencias de inteligencia tienen los recursos tecnológicos y humanos para saber lo que las personas hayan realizado al utilizar los productos y/o servicios de las mencionadas empresas.

Pero, distinguido leyente, esto que estoy discutiendo se torna en un asunto más espantoso. Digo eso ya que, hoy en día, en muchísimos países se está dando el fenómeno de que la utilización de los teléfonos residenciales se ha convertido, obligatoriamente, en una renuncia al derecho a la privacidad. Recuerde que muchísimos países, como EUA, China, Irán, Nueva Zelanda, Canadá, entre otros, tienen la capacidad tecnológica y legal para interceptar, analizar y almacenar —con o sin órdenes judiciales— *las comunicaciones telefónicas* y electrónicas (por Internet) de una persona.

Y lo más sorprendente de lo mencionado es que hay *agencias de inteligencia* que, increíblemente, pueden hacer lo anterior a nivel nacional y a nivel internacional. De hecho, lo dicho me hace recordar que la Agencia de Seguridad Nacional de EUA

(NSA, según sus siglas en inglés), en violación al derecho internacional y sin tener motivos fundados para creer que estuviera envuelta en actividades terroristas, interceptó, analizó y almacenó «las comunicaciones» telefónicas y electrónicas de la Hon. Dilma Vana Rousseff, Presidenta de la República Federativa del Brasil.[x]

También recuerdo que la mencionada agencia de espionaje electrónico y telefónico, sin tener sospechas sobre algún tipo de actividad criminal organizada, «consiguió acceder al correo de la Presidencia mexicana y a la cuenta del expresidente Felipe Calderón.»[xi] Y no se puede pasar por alto que la misma agencia de inteligencia secretamente recopiló, desde diciembre de 2012 hasta enero de 2013, «70.3 millones de registros telefónicos franceses.» Y para mayor colmo, «también recopiló mensajes de texto sobre la base de ciertas palabras...».[xii]

Habiendo llegado a este punto de la discusión, estoy seguro que muchas personas dirán que he exagerado al decir que el derecho a la privacidad es cosa del pasado. Pues bien, les digo a esas personas que si realizan un profundo análisis sobre lo que está ocurriendo a nivel internacional con el derecho a la privacidad podrían notar que, espantosamente, «todo apunta a que la enigmática, *omnipresente y vigilante* figura que describía **George Orwell** en su novela *1984* es una realidad en la era en que vivimos.»[xiii]

Por eso —y por razones que discutiré más adelante— estoy de acuerdo con **Mark Zuckerberg**, uno de los fundadores de Facebook, cuando dice que ha llegado «el fin de la era de la privacidad.»[xiv]

Por último, también tengo que decirles a las mencionadas personas que, cuidadosamente, lean y analicen las próximas páginas de este pequeño libro. De esa manera podrán notar que mi tesis es correcta y, sobre todo, que Eugene Kaspersky –presidente ejecutivo de **Kaspersky Lab**– estaba en lo correcto cuando dijo que «ya no existe la privacidad.»[xv]

Capítulo dos
El espejismo de la privacidad

I. Introducción

Siempre se ha dicho que las personas, por lo menos las que viven en las plutocracias populares que comúnmente se llaman democracias, «tienen el derecho a una expectativa de que su hogar sea un refugio seguro del ajetreo diario y de la vida agitada a la que nos obliga a veces la modernidad.»[xvi]

Pero eso, particularmente en estos tiempos de la modernidad, es un embuste de titánicas proporciones. Digo eso ya que, debido a los adelantos tecnológicos, el derecho a la privacidad dentro del propio hogar, a pesar de estar plasmado *en constituciones y decisiones judiciales,* ha desaparecido de la dimensión real de la vida.

II. Hogar y privacidad

A. Teléfono residencial y privacidad

Lo primero que corrobora lo antes mencionado es el hecho de que todo ciudadano, aunque sea rico, educado y pacífico, pierde su privacidad: (1) al utilizar su teléfono residencial; y (2) al utilizar el teléfono que está ubicado en su centro de trabajo. Digo eso, en primer lugar, ya que la **Corte Suprema de los Estados Unidos de América** determinó, en 1979, *«que los estadounidenses* no pueden tener ninguna expectativa de mantener la privacidad en torno a los números de teléfono que han llamado.»[xvii]

También dije lo anterior ya que muchísimas agencias de ley y orden, luego de obtener órdenes judiciales, tienen los recursos para interceptar, almacenar y escuchar las llamadas telefónicas que se reciban y realicen desde los teléfonos de línea.[xviii]

También sostengo lo mencionado por razón de que, en tercer lugar, las agencias de inteligencia, sin haber obtenido órdenes judiciales, se pasan interceptando, almacenando y escuchando las llamadas telefónicas que reciben y realizan los ciudadanos desde la comodidad de sus hogares y trabajos.[xix]

De hecho, se sabe que todas las comunicaciones telefónicas que entran y salen de los hogares de los líderes del activismo universitario y laboral están siendo, en casi todos los países, secretamente analizadas. También se sabe que, las comunicaciones telefónicas de los líderes de los movimientos civiles que están en contra del *statu quo* están siendo analizadas cuidadosamente.

Ahora bien, es necesario aclarar que lo antes mencionado no es nada nuevo. Todo el mundo sabe que las agencias de inteligencia, al igual que muchísimas *agencias del orden público*, han realizado lo antes mencionado desde hace muchísimo tiempo. De hecho, recuerdo que el Buró Federal de Investigación de EUA (FBI, según sus siglas en inglés), en violación a la decencia, interceptó, analizó y almacenó las comunicaciones telefónicas que entraban y salían de la residencia del Dr. Martin Luther King.[xx]

Aclarado ese asunto, ahora tengo que decir que lo manifestado me ha hecho recordar a la Agencia de Seguridad Nacional de EE.UU. (NSA, según sus siglas en inglés). Por motivo de que esa agencia de espionaje, en violación a los deseos de los «Padres Fundadores de los Estados Unidos», se pasa interviniendo, almacenando y analizando las comunicaciones telefónicas de las cientos de miles de personas que, irracionalmente, *han sido catalogadas tarjetas de investigación* por ser comunistas, anarquistas y/o defensoras de las pisoteadas minorías.[xxi]

También se sabe que la mencionada agencia, sin tener motivos fundados para creer que se estén cometiendo actos delictivos, «recopila todas las comunicaciones [telefónicas] que entran y salen de los Estados Unidos de América.»[xxii]

A eso se añade que algunos analistas de las agencias de inteligencia de los Estados Unidos de América, que ganan buenos billetes, se pasan *observando y analizando* las redes sociales electrónicas con el fin de identificar a ciudadanos que hayan escrito: (1) comentarios antipatrióticos; y/o (2) comentarios que reflejen odio social.

Cabe señalar que, en algunas ocasiones, *los analistas de las mencionadas agencias de inteligencia:* (a) se comunican con las agencias del orden público con el fin de que los agentes de ley y orden les den cercanos seguimientos a los movimientos de las mencionadas personas; y/o (b) interceptan los teléfonos residenciales, móviles y/o laborales de las mencionadas personas.[xxiii]

También se sabe que la Agencia de Seguridad Nacional de EUA (NSA, según sus siglas en inglés), al igual que otras agencias estadounidenses de inteligencia, interceptan, analizan y almacenan las comunicaciones telefónicas de *«los activistas políticos»* y, sobre todo, de las personas más notables dentro de «los movimientos sociales.»[xxiv]

Con lo anterior en mente, hay que mencionar que las agencias de inteligencia de los países más poderosos también tienen la capacidad de *interceptar,* almacenar y analizar –con o sin órdenes judiciales– las comunicaciones que las personas reciben y envían desde los teléfonos residenciales que funcionan por medio de las antenas de comunicación. Y eso incluye, en los casos en que los mencionados teléfonos estén habilitados, los «mensajes de texto» y las actividades que se realicen por medio de la red de Internet.[xxv]

Lo dicho me ha hecho recordar que el Buró Federal de Investigaciones de los Estados Unidos de América (FBI, por sus siglas en inglés), que se ha convertido en una poderosa agencia de espionaje doméstico, tiene la facultad legal para analizar, bajo una neofascista ley llamada la Ley Patriota, lo que realicen las personas –en tiempo real– en la red de Internet.[xxvi]

Por eso es que el FBI, de usted estar en EUA, tiene la capacidad tecnológica y legal para ver, en tiempo real, lo que usted realice en su flamante *teléfono y/o tableta multiusos*. Y lo más preocupante es que el FBI puede hacer lo anterior: (a) sin obtener una orden judicial; y (b) sin que usted sea una persona que tenga vínculos con terroristas y/o con criminales peligrosos y callejeros.

Otro peligroso asunto que está relacionado con los teléfonos y tabletas «multiusos» es el hecho de que dichos artefactos tecnológicos, permiten que los analistas de las agencias de inteligencia –al igual que los sagaces piratas informáticos– puedan obtener «datos de ubicación de los usuarios.»[xxvii]El mejor ejemplo que demuestra eso está relacionado con la empresa Apple, Inc. Digo eso ya que los mencionados analistas pueden saber, *siempre y cuando* estén funcionando adecuadamente, la ubicación de cada uno de los «iPhones» y «iPads.»[xxviii]

Ahora bien, el asunto más espantoso sobre los teléfonos y tabletas multiusos es que las agencias de inteligencia más modernizadas, como la Agencia de Seguridad Nacional de EUA (NSA, según sus siglas en inglés), tienen los recursos tecnológicos y humanos para activar –*sin que la gente lo sepa*– los micrófonos de la inmensa mayoría de los mencionados artefactos tecnológicos.[xxix]

También se sabe que el *Buró Federal de Investigación de Estados Unidos (FBI, por sus siglas en inglés)*, luego de obtener órdenes judiciales, tiene los recursos tecnológicos para activar los micrófonos de los teléfonos móviles de los sospechosos con el fin de escuchar y grabar sus conversaciones.xxx

Por eso se puede decir que si usted tiene, dentro de su hogar, un teléfono multiusos y/o una de esas afamadas tabletas multiusos, usted está permitiendo que las agencias de inteligencia: (1) puedan saber la ubicación de su hogar; y (2) puedan escuchar lo que usted diga dentro de su hogar. También se puede decir que usted ha permitido que los piratas informáticos más habilidosos, *de querer hacerlo,* hagan lo antes mencionado.

Por último, no se puede pasar por alto que las agencias de inteligencia más poderosas se pasan negociando con empresas que están relacionadas con la tecnología computarizada y telefónica, con el fin de que algunos de sus productos –secretamente y sin órdenes judiciales– tengan programaciones que permitan el espionaje gubernamental.xxxi

De hecho, se sabe que el Gobierno Federal de EUA ha logrado que muchas empresas que regalan y/o venden aplicaciones en la red de Internet para los teléfonos y las tabletas multiusos, hayan incluido dentro de sus archivos electrónicos las mencionadas programaciones de espionaje gubernamental.

B. Computadoras personales y privacidad

Todo el mundo sabe que los agentes de las *agencias de inteligencia*, antes de la era computarizada, se personaban a las bibliotecas públicas con el fin de saber qué libros leían las personas. Pues bien, en estos tiempos la situación sigue siendo la misma. La diferencia es que ahora, debido a que miles de piratas informáticos han conseguido empleo dentro de los Gobiernos, las agencias de inteligencia: (a) acceden a las bases de datos de las bibliotecas; y (b) acceden a las bases de datos de las librerías electrónicas.

A eso se suma que los analistas de las agencias de inteligencia, que odian el derecho a la privacidad, tienen *los recursos tecnológicos y legales* para acceder a las bases de datos de las tiendas que venden productos: (1) en tiendas físicas; y/o (2) por medio de la red de Internet. Ello, con el fin de saber qué han comprado las tarjetas (las personas) bajo investigación.

Ahora debo mencionar, después de haber discutido lo anterior, que *los avances tecnológicos son —y seguirán siendo— tan extraordinarios y peligrosos* que la persona que tenga una computadora personal conectada a la red de Internet ha perdido gran parte de su derecho a la privacidad. Digo eso ya que las agencias de inteligencia más poderosas, como la Agencia de Seguridad Nacional de EUA (NSA, según sus siglas en inglés), tienen los recursos tecnológicos, humanos y legales para saber qué han realizado las personas dentro de sus computadoras.

Eso me hace recordar que el Buró Federal de Investigación de los Estados Unidos (FBI, por sus siglas en inglés), por medio de un específico ataque electrónico, tiene los recursos tecnológicos y humanos para obtener todos los archivos que existan dentro de una computadora personal que esté conectada a la red informática, mundial, descentralizada y formada por la conexión directa *entre computadoras* mediante un protocolo especial de comunicación.[xxxii]

A eso se añade que las poderosas agencias de inteligencia tienen los *recursos tecnológicos, humanos y legales* para saber, en tiempo real, qué acciones están ejecutando las personas –por medio de sus artefactos tecnológicos– en la red de Internet. Por eso es que, por ejemplo, muchos agentes y analistas de inteligencia de EUA, Reino Unido, Canadá y Nueva Zelanda pueden saber, en tiempo real, qué vídeos están viendo las personas en «YouTube.»[xxxiii]

También se sabe que las mencionadas *agencias de inteligencia,* mientras las personas están utilizando sus computadoras en la comodidad de sus hogares, pueden interceptar, archivar, ver y analizar –todo ello «sin permiso judicial»– los correos electrónicos de las personas.[xxxiv]

Y no olvide que, gracias a la cooperación de los dueños y gerentes de la empresa Microsoft, las agencias de inteligencia de los EUA tienen los recursos tecnológicos y humanos para activar –*sin que las personas lo sepan*– los micrófonos y las cámaras integradas de las computadoras personales que funcionan con los sistemas operativos de la empresa Microsoft.xxxv

Por otro lado, no se puede pasar por alto que muchas personas que tienen *computadoras personales* están, voluntariamente, renunciando a su derecho a la privacidad con el fin de asegurar sus computadoras personales. Digo eso ya que muchas personas, entre ellas estudiantes universitarios, les están instalando a sus computadoras personales unos sofisticados equipos de trasteo satelital con el fin de localizarlas en caso de que sean hurtadas (sin violencia y sin intimidación) o robadas.xxxvi

Ahora bien, el gran problema con ese tipo de tecnología es que algunas agencias de inteligencia del primer mundo tienen los recursos tecnológicos y legales para obtener informaciones relevantes por parte de las empresas que brindan los mencionados servicios de rastreo satelital. Eso significa que los analistas de inteligencia, al saber la ubicación exacta de las computadoras personales, pueden saber –o por lo menos deducir– la ubicación de las personas que han permitido la instalación del mencionado equipo.

Dicho eso, estoy seguro que algunas personas pensarán, *al leer lo mencionado*, que las mencionadas intromisiones se pueden evitar por medio de los afamados antivirus que se venden por ahí. Les digo a esas personas que sus creencias son, por decir lo menos, puras fantasías.

Digo eso ya que las agencias de inteligencia de los Estados Unidos de América –al igual que el Buró Federal de Investigaciones– y del Reino Unido, al igual que las de Israel y China, tienen los recursos tecnológicos y humanos para burlar todas las protecciones que brindan los antivirus –*y productos similares*– que se encuentran en el mercado. Y lo más impresionante, aunque usted no lo crea, es que pueden hacer lo antes mencionado sin que los usuarios se den cuenta.[xxxvii]

Por último, no puedo cerrar está sección sin mencionar que *millones de ciudadanos*, diariamente, se pasan renunciando a su derecho a la privacidad. De hecho, ya es normal que las personas que tienen computadoras personales en sus hogares hagan lo anterior al participar en las redes sociales electrónicas –como Facebook– y en los foros de discusiones electrónicas.

¿Sabe por qué digo eso? Porque estoy viendo que la gente, sin ocultar «nombre ni rostro, se mete a las redes [sociales electrónicas] y se vuelve loca diciendo lo que piensa como si nadie más lo fuera a leer, pero sobre todo como si en el mundo real no conectaran sus palabras con su persona.»[xxxviii]

A eso se añade que la gente, irracionalmente, se mete a las redes sociales electrónicas y se vuelve loca dando información personal. Así, por ejemplo, en Facebook abundan los imbéciles que, *entre otras imbecilidades,* se pasan: (1) brindando las direcciones físicas y/o las coordenadas de sus hogares; (2) compartiendo fotos en donde aparecen sus hijos; (3) revelando informaciones sobre actividades realizadas; (4) compartiendo fotos de sus hogares; (5) diciendo en donde estudian sus hijos; y (6) compartiendo vídeos y/o fotos en donde aparecen semidesnudos.

Ahora bien, querido lector, esto que estoy discutiendo se torna en un asunto más perturbador. Puesto que millones de personas que utilizan las redes sociales electrónicas, además de renunciar a su privacidad, permiten –por medio de sus propios actos– que otras personas puedan conocer aspectos íntimos de la personalidad.

Digo eso ya que se puede conocer bastante sobre la personalidad de una persona por medio del análisis: (1) de las listas de deseos (bienes que desearía comprar) que ha creado en las tiendas que tienen presencia en Internet; (2) de las imágenes que comparte en las redes sociales electrónicas; (3) de las listas electrónicas sobre los libros y películas que ha visto; y (4) de los *«Like»* en Facebook.

Y sobre esto último cabe recordar que, según un análisis realizado por investigadores de la **Universidad de Cambridge** en Reino Unido, «la sexualidad, las inclinaciones políticas e incluso la inteligencia pueden ser deducidas de los (...) 'Me gusta' (Like) en Facebook.»[xxxix]

Habiendo dicho eso, puedo cerrar esta sección del capítulo diciendo que las redes sociales electrónicas, como *Facebook* y los foros electrónicos de discusión, «son una ventana virtual a nuestro yo», ya que «se han convertido en una especie de ventana a través de la cual se divisa *gran cantidad de información* sobre nuestra vida y personalidad.»[xl]

C. Basura y privacidad

Hasta aquí, querido lector, usted ha visto que el Gobierno tiene innumerables formas para obtener –*legal e ilegalmente*– valiosas informaciones sobre usted. De hecho, ha visto que la mayoría de los adelantos tecnológicos que usted utiliza, como su teléfono multiusos y sus membresías en las tiendas que tienen presencia en la red de Internet, les han estado proveyendo valiosas informaciones a las agencias de inteligencia.

Pues bien, ahora tengo la obligación de mencionar que usted también le ofrece –o le podría ofrecer– valiosa información al Gobierno cada vez que desecha su basura. Digo eso ya que la basura que es desechada, entre otros datos, «(...) puede evidenciar estados de salud y medicamentos ingeridos, *situaciones patrimoniales*, dietas alimenticias y hasta costumbres sexuales.»[xli]

Sobre la legalidad de ocupar y analizar la basura, debo señalar que esa acción es legal. ¿Sabe por qué? Porque se considera que la basura, una vez está fuera de su propiedad con el fin de ser llevada a *los vertederos,* es una propiedad abandonada que no goza de intimidad. Inclusive, se puede decir que dejar la basura en un lugar público para que sea llevada a un vertedero es un acto de renuncia al derecho a la intimidad. Digo eso ya que el derecho a la intimidad, «al igual que otros derechos, (...) es renunciable.»xlii

D. Vigilancia exterior de las residencias

Las personas tienen que saber que, en estos tiempos, no tienen derecho a la privacidad cuando salen: (a) a los patios de sus casas; (b) a los balcones de sus residencias; y (c) a las marquesinas abiertas de sus residencias. Digo eso ya que, sin importar lo que digan las decisiones judiciales, existen múltiples *artefactos tecnológicos* que permiten que sean espiadas desde lejos y sin que se den cuenta.

Así, por ejemplo, se sabe que el Buró Federal de Investigación de Estados Unidos (FBI, por sus siglas en inglés) está utilizando, sin haber obtenido previamente *órdenes judiciales,* aviones no tripulados y equipados con potentes cámaras con el fin de recopilar informaciones.xliiiAdemás de eso, se sabe que los cuerpos policiales cuentan con helicópteros que están equipados con unas *poderosas videocámaras* que pueden grabar todo lo que esté debajo de ellas.

También se sabe que muchos detectives privados –que cuentan con licencias del Estado– y agentes investigadores tienen potentes cámaras y/o poderosas videocámaras para, entre otras acciones, captar imágenes sobre las *tarjetas bajo investigación.* Y no se puede olvidar que los fotoperiodistas, en especial los que cubren asuntos relacionados con la farándula y el materialismo, también tienen los mencionados artefactos.

Ya que he mencionado el asunto de la tecnología, debo mencionar que la privacidad del hogar también puede ser violentada por medio de unos aparatos tecnológicos que, además de poder utilizarse a una distancia de quinientos metros, «pueden captar ondas sonoras de la voz.»[xliv]

Por eso puedo decir que las agencias del orden público, en especial las que tienen grandes presupuestos y que están encargadas de recopilar inteligencia, pueden escuchar lo que usted hable dentro de su casa sin haber instalado pequeños micrófonos dentro de su hogar.

Está claro que, para poder realizar lo anterior, las agencias de ley y orden tienen que obtener, previamente, órdenes de registro y allanamiento. Ahora bien, donde está el problema más serio es con las agencias de inteligencia. Digo eso ya que esas agencias, como ha demostrado la experiencia, hacen lo que les dé la gana. Por lo que pueden utilizar los mencionados aparatos tecnológicos: (a) sin órdenes judiciales; y (b) cuando quieran.

Ahora es necesario recordar, habiendo dicho lo anterior, que la residencia (los exteriores) de una persona puede ser vigilada y fotografiada por cualquier persona, inclusive por un agente del orden público. Digo eso ya que, en muchos países, los tribunales han determinado que «no constituye una violación al derecho a la intimidad la toma y publicación de una fotografía de la casa de una persona cuando la misma es tomada de un camino público y donde la persona no se entera de la presencia del fotógrafo.»[xlv]

Tampoco se puede olvidar que toda residencia, desde los aires, es un campo abierto. Lo que significa que los agentes del orden público, sin necesidad de obtener órdenes judiciales, tienen la facultad legal para sobrevolar, con helicópteros y aviones, sobre las propiedades residenciales con el fin de obtener imágenes.

E. Correspondencia y privacidad

Debo mencionar, por otro lado, que en la mayoría de los países las personas tienen, frente a sus residencias, buzones. A eso se añade que la mayoría de los seres humanos piensan que los Gobiernos no pueden intervenir, indebidamente, con su correspondencia personal. Así, por ejemplo, millones de personas piensan que los agentes de inteligencia no pueden abrir los buzones de los ciudadanos con el fin de saber quiénes les han escrito.

Sin embargo, las mencionadas creencias son parte de la fantasía social. Digo eso ya que el poderoso neofascismo, que se ha expandido por todo el planeta, establece que los Gobiernos pueden hacer gestiones: (1) para saber quién le escribe a una persona; (2) para saber a quién le escribe una persona; y (3) para saber qué bienes muebles recibe una persona por medio del correo.

Para corroborar lo antes mencionado, me muevo a los Estados Unidos de América. ¿Sabe por qué? Porque, en primer lugar, el Gobierno Federal de los Estados Unidos de América tiene la facultad legal para inspeccionar todo avión y buque que, desde el extranjero, lleve correspondencia hacia los Estados Unidos de América.[xlvi]

También digo lo anterior ya que, en segundo lugar, el Servicio Postal de los Estados Unidos de América, apoyando las tácticas neofascistas, ha instalado unos sofisticados equipos que permiten fotografiar toda la correspondencia –*por lo menos la parte exterior*– que circula dentro del mencionado país. A eso se le suma el hecho de que algunas agencias de inteligencia de EUA, sin necesidad de obtener órdenes judiciales, tienen libre acceso a las bases de datos del Servicio Postal de EUA.

Sobre la información que puede obtener el Gobierno Federal de los EUA por medio de la mencionada tecnología, tengo que decir que es muchísima. Digo eso ya que la observación exterior de la correspondencia «permite saber dónde usted tiene su cuenta bancaria, con quién se comunica y todo tipo de información útil que da a los investigadores pistas que pueden seguir con una orden judicial.»[xlvii]

Por último, es necesario advertir que la interceptación y lectura de la correspondencia por parte de espías del Estado no es un asunto nuevo. Así, por ejemplo, la historia demuestra que «en la antigua Roma» existieron unos espías que, entre otras importantes tareas, se pasaban interceptando y leyendo cartas. De hecho, recuerdo que *Marco Tulio Cicerón* –un afamado orador y político romano– «se quejaba frecuentemente de que sus cartas eran interceptadas» por los espías.[xlviii]

F. Criminales dentro del hogar

1. Criminales comunes y privacidad

Se dice que el hogar de cada persona, particularmente en los países plutocráticos que están pintados con un barnicillo democrático, «es como un castillo y fortaleza tanto para su defensa en contra de injurias y violencia como para su reposo.»[xlix]

Ahora bien, todo parece indicar que los delincuentes callejeros han olvidado el mencionado principio. Digo eso ya que los mencionados delincuentes, olvidándose del derecho a la privacidad, se pasan violentando la privacidad de los hogares con el fin de cometer fechorías. Y como eso es así se puede decir que los delincuentes, particularmente los que se pasan cometiendo escalamientos y/o delitos de entrada ilegal, se cagan sobre el derecho a la privacidad de sus víctimas.

Un buen ejemplo sobre lo dicho proviene desde el Reino Unido. Digo eso ya que, en 1982, Michael Fagan –sabiendo sobre la existencia del derecho a la privacidad– penetró ilegalmente dentro de la alcoba de la reina Isabel II en el Palacio de Buckingham. Y lo más sorprendente de la mencionada violación al derecho a la privacidad fue que Fagan, increíblemente, hizo lo anterior mientras la reina dormía plácidamente.[1]

Pero esto, querido lector, es más profundo. ¿Sabe por qué? Porque en los países en donde se cometen muchos delitos dentro de los hogares, como en Puerto Rico, el derecho a la privacidad dentro del hogar ha sido seriamente disminuido por culpa de las constantes preocupaciones de ser víctima del delito. *Me explico.*

Bajo el derecho a la privacidad, se supone que las personas tengan la certeza: (1) de que sus hogares serán impenetrables; y (2) de que no serán víctimas de actos desagradables –dentro de sus hogares– por parte del Gobierno ni por parte de personas naturales. Sin embargo, cuando las personas tienen motivos fundados para creer que podrían ser víctimas del crimen en cualquier momento, la paz emocional que se supone que les brinde el derecho a la privacidad disminuye considerablemente.

Inclusive, en ciertos lugares la disminución del derecho a la privacidad es tan marcada que las personas, por tener la mencionada preocupación, se pasan comprando alarmas, perros guardianes, armas de fuego y/o servicios de respuesta rápida para casos de delitos dentro de los hogares. Todo ello con el fin de tratar: (1) *de minimizar sus preocupaciones;* y (2) de minimizar las probabilidades de que sus derechos –particularmente el derecho a la privacidad y el derecho a la vida– sean destrozados por los delincuentes domésticos.

Y tenga en cuenta, querido lector, que cuando eso ocurre estamos viendo un claro reconocimiento de que el derecho a la privacidad ha sido seriamente afectado.

2. Delincuentes informáticos

Por otro lado, todo el mundo sabe que «el derecho a la privacidad es, sin duda, el que más ha resultado vulnerado con la revolución digital...».[ii] De hecho, hoy en día son constantes los casos en donde los piratas informáticos, sin tener en consideración el derecho a la privacidad, se pasan apropiándose ilegalmente de los datos personales y privados de las personas con el fin de cometer actos desagradables.

Así, por ejemplo, millones de personas han visto que, desde la comodidad de sus hogares, sus datos personales y privados han sido seriamente comprometidos por medio de lo que en jerga de informática se llama el «phishing.» ¿Y qué es el phishing? El «phishing», en apretada síntesis, es «una modalidad utilizada por delincuentes para cometer fraude a través de los correos electrónicos, mediante la cual el emisario se hace pasar por una entidad legítima para obtener datos privados del que recibe el correo para robarle su identidad.»[iii]

Debe haber notado que mencioné el asunto del robo de identidad. Pues bien, no está de más mencionar que la inmensa mayoría de los delincuentes que roban identidades logran obtener datos personales y privados por medio de la red informática, mundial, descentralizada y formada por la conexión directa *entre computadoras* mediante un protocolo especial de comunicación.

También debo mencionar que el robo de identidad es, incluso en los Estados Unidos de América, un asunto alarmante. Digo eso ya que un estudio realizado por la *Comisión Federal de Comercio de EUA* (FTC, por sus siglas en inglés) demostró que, de 1998 a 2003, «unos 27.3 millones de estadounidenses fueron víctimas del robo de identidad.»[liii]

Con lo anterior en mente, tengo que mencionar que si un pirata informático logra tener acceso a la computadora personal de una persona cuando dicha computadora está en el hogar de su víctima, dicho acto es una violación a la privacidad del hogar. También puedo decir que si un pirata informático, por medio de sofisticadas técnicas de engaño electrónico, logra que una persona le envíe información personal desde la computadora de su casa con el fin de cometer el delito de robo de identidad, también estamos hablando de una violación a la privacidad del hogar.

Digo eso ya que las víctimas de los hechos antes mencionados, al igual que las informaciones ilegalmente obtenidas, se encuentran en los hogares. Y penetrar ilegalmente dentro de un hogar, aunque sea de manera electrónica con el fin de obtener información personal y privada de una computadora personal, es una violación al derecho a la privacidad.

Habiendo dicho eso, es forzoso concluir que una computadora personal que esté dentro de un hogar y *conectada a la red de Internet* es, tristemente, un blanco fácil para las personas que tienen grandes habilidades en el manejo de ordenadores y que utiliza sus conocimientos para acceder ilegalmente a sistemas o redes ajenos. También es forzoso concluir que toda persona que, desde la comodidad de su hogar, conecte su computadora personal a la red de Internet pierde su derecho a la privacidad, por lo menos todo lo que esté relacionado con la información que ha sido almacenada en la mencionada computadora.

Digo eso ya que, sin importar lo que digan las leyes y las decisiones judiciales, *los piratas informáticos* más talentosos tienen los conocimientos y las habilidades para hacer lo que les dé la gana. De hecho, se sabe que los mencionados piratas informáticos pueden acceder con gran facilidad: (1) a las computadoras personales; (2) a los teléfonos celulares; y (3) a las computadoras internas de ciertos «autos.» También se sabe que «los sistemas de seguridad doméstica, los televisores y hasta las refinerías petroleras» pueden sufrir intervenciones indebidas por parte de los mencionados piratas informáticos.[liv]

Para terminar con el asunto de los piratas informáticos y la privacidad, debo mencionar que cada día hay más piratas informáticos profesionales. Y lo más sorprendente es que, gracias al acceso a la información, cada día hay más *«hackers aficionados.»* Digo eso ya que cualquier persona, después que tenga una buena computadora conectada a la red de Internet, puede convertirse en un *«hacker aficionado.»*

Recuerde que, hoy en día, la red de Internet está llena de guías gratuitas «para cualquiera que quiera dar sus primeros pasos como hacker. Solamente en *YouTube,* ya hay más de 20.000 videos disponibles que enseñan a los usuarios a explorar cuentas personales de otros usuarios.»[iv]

G. Exparejas infernales

Otra cuestión que está relacionada con el asunto de renunciar al derecho a la privacidad, guarda estrecha relación con las exparejas íntimas. *Me explico.*

En los países occidentales, debido al libertinaje sexual, millones de personas se pasan renunciando a su derecho a la privacidad. Digo eso ya que dichas personas, buscando satisfacer sus instintos animales, *se pasan cambiando constantemente de parejas.* Y con cada cambio de pareja, que casi siempre se hace sin haber indagado adecuadamente sobre las actividades y personalidades de esos nuevos compañeros sexuales, las personas están renunciando a lo más sagrado de la privacidad, a saber: (1) mantener la desnudez de sus cuerpos lejos de los ojos de los extraños; (2) evitar que extraños se enteren de pensamientos íntimos; y (3) mantener *los interiores de sus residencias* protegidos de personas extrañas.

Es realmente preocupante ver lo fácil que *millones de personas sexualmente activas*, especialmente jóvenes inexpertas, dejan entrar a personas prácticamente extrañas: (1) en la privacidad de sus hogares; y (2) dentro de sus pensamientos y cuerpos. Al hacer eso, están permitiendo que cada uno de sus constantes compañeros sexuales obtenga enormes cantidades de informaciones personales que, por decir lo menos, pueden ser comprometedoras.

Al parecer, los promiscuos olvidan que con cada cambio de pareja jamás recuperarán la porción de la privacidad que ha sido renunciada. También olvidan que *el ser humano* es un animal despreciable, envidioso, rencoroso y murmurador. Y que eso significa que, debido a los múltiples excompañeros sexuales, es altamente probable que varias de sus múltiples exparejas terminen hablando con otras personas sobre sus cuerpos, comportamientos, pensamientos y estilos de vida.

Así, por ejemplo, cada defecto físico de su expareja será explotado por medio de chistes, anécdotas y burlas realizadas —entre otros lugares y circunstancias— durante conversaciones en bares con amigos y/o familiares. A eso se añade que el hogar de la persona que cambia constantemente de compañero(a) sexual, de haber sido visitado, también será motivo de burla si estaba sucio, desordenado y/o en mal estado al ser visitado.

Ahora bien, lo de veras preocupante es que millones de promiscuas, al poco tiempo de haber cambiado de parejas sexuales, permiten que sus nuevas parejas les tomen fotos y/o videos mientras están desnudas, semidesnudas y/o en posiciones sexualmente explícitas. Sin contar que las más imbéciles, permiten que algunas sus relaciones sexuales sean grabadas en video.

Y todo eso, como hemos visto, posteriormente puede traer un sinnúmero de situaciones embarazosas para las promiscuas que cambian constantemente de compañeros sexuales. Especialmente si una de las exparejas es, además de inmadura, *una persona extremadamente rencorosa.*

Digo eso ya que, por ejemplo, cada vez es más común que una expareja descartada y rencorosa utilice la revancha pornográfica para vengarse de su promiscua expareja. ¿Y qué es la revancha pornográfica? «La revancha pornográfica es un problema creciente en la edad de los medios sociales, cuando fotografías y videos que fueron realizados para fines privados durante una relación (...) llegan a cientos de sitios de Internet.»[lvi]

III. Vehículos de motor y privacidad

En estricto Derecho, las personas gozan del derecho a la intimidad cuando están dentro de sus vehículos de motor. Inclusive, se sabe que un agente de la Policía no puede detener un vehículo de motor que transite por una vía pública a menos que tenga motivos fundados para creer que el conductor del vehículo ha cometido un delito o una violación *(falta administrativa)* a las leyes vehiculares. También se sabe que un agente de la Policía, como regla general, necesita una orden de registro y allanamiento para registrar el interior de un vehículo de motor.[lvii]

Ahora bien, a través de los años las agencias del orden público han utilizado un sinnúmero de tácticas para intervenir con la privacidad de las personas cuando manejan sus vehículos de motor. Así, por ejemplo, por años *las agencias del orden público de EUA* estuvieron instalándoles, sin órdenes de registro y allanamiento, «dispositivos GPS» a los vehículos de motor de las personas con el fin de conocer sus movimientos.[lviii]

Cabe señalar que dije instalándoles ya que, recientemente, se le puso un poderoso freno a la mencionada práctica policial. Digo eso ya que, en 2012, la **Corte Suprema de Estados Unidos de América** indicó que las agencias del orden público necesitan conseguir una orden de registro y allanamiento antes de colocar un dispositivo de posicionamiento global (GPS, por sus siglas en inglés) *–o un rastreador electrónico–* en un vehículo de motor.[lix]

Ahora bien, que quede claro que lo antes indicado únicamente le aplica a las agencias del orden público. Digo eso ya que, en la práctica, las agencias de inteligencia de los Estados Unidos de América hacen lo que les dé la gana. Por lo que seguirán instalando, dentro de EUA, dispositivos de rastreo vehicular: (1) cuando entiendan que sea necesario; y (2) sin órdenes judiciales.

También debe saber que la mencionada decisión de la Corte Suprema de EUA, únicamente tiene valor y peso dentro del mencionado país. Fuera de dicho país, los agentes de inteligencia tienen carta blanca para hacer lo que quieran. Así, por ejemplo, si un ciudadano de EUA va a Colombia, los agentes de inteligencia de EUA que operan en Colombia pueden instalar un dispositivo de rastreo *en el vehículo de motor* de la mencionada persona sin necesidad de obtener una orden judicial.

Siguiendo, en parte, con lo antes mencionado, ahora tengo que mencionar que todo el mundo sabe que muchos de los nuevos vehículos de motor salen de las líneas de ensamblaje con *sistemas de posicionamiento global integrados*. Para los compradores usuales, dichos dispositivos representan unas buenas herramientas para obtener direcciones y evitar tapones.

Pero, para las agencias de inteligencia más poderosas –que tienen acceso a todos los satélites que han sido lanzados desde sus respectivos países– los mencionados dispositivos representan una buena forma para saber, *tengan o no tengan órdenes judiciales,* la ubicación de los vehículos de motor.

Dicho eso, sé que hay personas –*especialmente las que no tienen mucha experiencia*– que dicen que las agencias de inteligencia, a menos que consigan una orden de registro y allanamiento, no pueden acceder a los satélites para saber la ubicación de un vehículo de motor que esté equipado con un dispositivo de posicionamiento global.

Les digo a esas personas que, debido al neofascismo que se ha apoderado del Gobierno Federal de los Estados Unidos de América, lo que dicen son puras fantasías. Aunque es cierto que, en estricto Derecho, se necesita una orden judicial, la realidad es que las agencias de inteligencia de EUA operan en secreto y nadie, en realidad, las puede fiscalizar eficientemente. Y eso ha permitido que las mencionadas agencias, *sin haber obtenido previamente órdenes judiciales,* consignan las ubicaciones de los vehículos de motor por medio de los «dispositivos GPS.»

Tampoco se puede pasar por alto que, cuando una persona compra un vehículo de motor con «un sistema GPS integrado» está renunciando, *libre y voluntariamente,* a su derecho a la privacidad. Digo eso ya que la persona está permitiendo que algunos empleados de la empresa que maneja el mencionado dispositivo de posicionamiento global: (1) obtengan datos sobre rutas y lugares visitados; y (2) obtengan —en todo momento— datos sobre la ubicación del vehículo de motor.[ix]

No se puede olvidar, además, que la persona que compre un vehículo de motor con *«un sistema GPS integrado»* está permitiendo que sus recorridos sean almacenados, por muchísimo tiempo, en las bases de datos de la empresa que maneja el sistema de posicionamiento global. El problema con eso es que dicha información, que puede ser muy comprometedora, puede ser obtenida legalmente por medio de órdenes judiciales.

Por otro lado, ahora debe recordar que en muchísimos países se han automatizado los peajes. Es decir, ahora es normal que los conductores, siempre y cuando hayan pagado y brindado su información personal con el fin de que quede almacenada en varias bases de datos, puedan pasar por los peajes sin tener que detenerse.

Pues bien, lamento tener que decir que la automatización de los peajes ha provocado que el derecho a la privacidad dentro de los carros haya recibido un fuerte golpe. Digo eso ya que *los sistemas computarizados* de los mencionados peajes pueden registrar, con gran exactitud, las fechas y horas en las que los vehículos de motor autorizados hayan transitado por los peajes automatizados.

Debe quedar claro que los mencionados *sistemas computarizados*, para perjuicio del derecho a la privacidad, registran a todos los vehículos de motor. Es decir, registran a los vehículos que estaban autorizados a pasar por los carriles automatizados y, sobre todo, a los que no estaban autorizados.

Y sobre estos últimos, todo el mundo sabe que los dueños registrales de los vehículos de motor que pasen ilegalmente por los carriles automatizados de los peajes se exponen a recibir, por correo certificado, una multa y, sobre todo, una linda foto de la tablilla del vehículo de motor mientras cruzaba ilegalmente por el peaje.

Sobre la validez de la mencionada práctica tengo que decir que, en la inmensa mayoría de los países, se reconoce que «el uso de cámaras para fotografiar a los evasores del pago del peaje en las autopistas y *utilizar tales fotografías* como evidencia corroborativa del hecho de la infracción y de la identidad del transgresor (...) es legalmente válido.»[lxi]

Ahora bien, el gran problema con los mencionados *sistemas computarizados y automatizados* es que las agencias del orden público, luego de obtener órdenes judiciales, pueden recopilar toda información que esté relacionada con un vehículo de motor. A eso se suma que algunas agencias de inteligencia, sin necesidad de obtener órdenes judiciales, pueden acceder a las mencionadas bases de datos y obtener toda la información disponible.

IV. Teléfono móvil y privacidad

Indiqué antes que el derecho a la privacidad busca que los Gobiernos y los ciudadanos, entre otros asuntos, respeten «la vida familiar y las preferencias religiosas, políticas y sexuales.» Además, no se puede olvidar que el derecho a la privacidad prohíbe, a menos que se hayan expedido órdenes judiciales, «*la intervención de las comunicaciones,* el uso de cámaras ocultas, los análisis genéticos, etc.»[lxii]

Ahora bien, vuelvo a decir que lo antes indicado es pura fantasía. Recuerde, en primer lugar, que las nuevas tecnologías, entre ellas las que están relacionadas con los teléfonos móviles, «han traído una serie de nuevas maneras para espiar a los ciudadanos y *tener acceso* a sus datos personales.»[lxiii]

Recuerde, además, que los Gobiernos y las empresas que están relacionadas con las telecomunicaciones, bajo la excusa de la seguridad nacional, han mandado al carajo el derecho a la privacidad de las personas. Digo eso ya que ahora, bajo la protección de leyes neofascistas, muchísimas empresas de telecomunicaciones están ayudando a los Gobiernos *a espiar a los ciudadanos.*

Y lo más curioso de eso es que las mencionadas colaboraciones se utilizan para, entre otras cuestionables acciones, espiar: (1) a ciudadanos pacíficos; (2) a ciudadanos que han ganado notabilidad social al utilizar sus derechos humanos; y (3) «a ciudadanos incómodos» que se pasan públicamente criticando las aberraciones que realizan los líderes gubernamentales.[lxiv]

Con ese trasfondo en mente, es lamentable tener que reconocer que nadie tiene derecho a la privacidad al utilizar los teléfonos celulares. Digo eso ya que, como indiqué anteriormente, algunas agencias de inteligencia de los países más poderosos están interceptando, almacenando y analizando las comunicaciones que se reciben y envían desde los teléfonos móviles.

El mejor ejemplo para confirmar lo antes mencionado, está relacionado con la Agencia de Seguridad Nacional de EUA (NSA, según sus siglas en inglés). Digo eso ya que esa agencia de inteligencia está interceptando, analizando y almacenando *todas las comunicaciones internacionales y nacionales* que entran y salen de los teléfonos móviles de los habitantes del mencionado país. Y lo más espeluznante sobre eso es que lo están haciendo, en muchísimas ocasiones, sin órdenes judiciales y «sin razones suficientes para ello, por ejemplo, sin las pruebas de que el inculpado colabora con los terroristas.»[lxv]

Por último, ya que en otra sección he hablado sobre *la privacidad de las comunicaciones telefónicas,* tengo que decir que si usted porta un aparato registrado y portátil de un sistema de telefonía móvil eso significa que usted, tácitamente, desea que el «Big Brother» sepa su ubicación. Digo eso ya que el teléfono móvil, por más bonito y costoso que sea, es un dispositivo electrónico «que el Gobierno puede utilizar para rastrear su ubicación.»[lxvi]

Dicho eso, sé que usted podría estar pensando en los tribunales. Es decir, usted podría estar pensando que los agentes del Estado no pueden rastrear la ubicación de su flamante *teléfono celular* a menos que consigan, previamente, una orden judicial.

Sobre eso tengo que decir que, en estricto Derecho, usted tiene toda la razón. De hecho, muchísimos magistrados y expertos piensan igual que usted. Un buen ejemplo sobre eso proviene desde la **Corte Suprema de Nueva Jersey**. Digo eso ya que los jueces de esa corte indicaron que las agencias del orden público, para que la evidencia recopilada no sea ilegal, necesitan obtener una orden de registro y allanamiento antes de rastrear la ubicación de un teléfono móvil.[lxvii]

Otro buen ejemplo proviene desde la **Unión Estadounidense por las Libertades Civiles** (ACLU, por sus siglas en inglés). Digo eso ya que esa respetable y necesaria organización, en varias ocasiones, ha mencionado que «*la vigilancia por métodos electrónicos* de ciudadanos estadounidenses, sin aprobación judicial, es inconstitucional.»[lxviii]

Y no se puede olvidar que la *Organización de las Naciones Unidas*, que ha demostrado gran incapacidad para llevar el mensaje de paz y camaradería alrededor del mundo, indicó que «la capacidad de los Estados de aprovechar los avances tecnológicos para monitorear de manera invasiva y arbitraria a sus ciudadanos contravienen el derecho a la privacidad.»[lxix]

Ahora bien, le recuerdo que las opiniones de los expertos, particularmente para los agentes, analistas y supervisores de las agencias de inteligencia, valen menos que los rollos de papel de culo que se venden en las tiendas. También le recuerdo que los jueces que piensan igual que usted únicamente pueden controlar, *por medio de sus decisiones judiciales,* a los agentes del orden público.

Digo eso ya que se sabe que en el caso de las agencias de inteligencia, la mayoría de los agentes, analistas y supervisores de esas secretas agencias no respetan las órdenes judiciales ni, mucho menos, las doctrinas jurídicas que están relacionadas con el derecho a la privacidad.

Buen ejemplo sobre eso está relacionado con la Agencia de Seguridad Nacional de los Estados Unidos de América. Digo eso ya que esa agencia de inteligencia, entre otras violaciones, se pasa violando «la ley sobre protección de datos personales, reuniendo información de millares de norteamericanos» que no están relacionados: (1) con terroristas; (2) con mafiosos; ni (3) con delincuentes callejeros y peligrosos.[lxx]

En conclusión, tienes que entender que vivimos en una sociedad orwelliana en donde las innumerables agencias de inteligencia, sin haber conseguido órdenes judiciales y sin tener motivos fundados para creer que se hayan cometido actos delictivos, se pasan interceptando, almacenando y analizando las comunicaciones que recibes y envías desde tu flamante teléfono móvil.

También tienes que entender que si decides portar un teléfono móvil estás permitiendo, como dice la Dra. Catherine Crump –abogada de la Unión Estadounidense por las Libertades Civiles–, que el gobierno secreto o el «Big Brother» sepa «en dónde estás» y «quién eres.»[lxxi]

V. Empleos y privacidad

Es lamentable tener que reconocer que *«vivimos en una sociedad hipervigilada...».*[lxxii] También es lamentable tener que reconocer que, en la práctica, no existe derecho a la privacidad dentro del empleo. Digo eso ya que muchos patronos, al igual que las agencias de inteligencia, tienen los recursos legales y tecnológicos para saber qué hacen los empleados durante sus jornadas laborales. Y eso incluye, por supuesto: (1) qué han realizado (los empleados) en las computadoras del trabajo; y (2) con quiénes han hablado (los empleados) por medio de los teléfonos del trabajo.

A eso se suma que muchos patronos también tienen los recursos tecnológicos para saber dónde están sus empleados durante las jornadas laborales.

Digo eso ya que, por ejemplo, algunos patronos han instalado sistemas de posicionamiento global en sus vehículos de motor con el fin de poder saber lo antes indicado.[lxxiii]

Hasta ahora, lo manifestado no representa un problema mayor. Toda persona de inteligencia promedio sabe que los patronos pueden y tienen que establecer reglas para saber qué hacen sus empleados durante sus turnos de trabajo. Además, toda persona sabe: (a) que las computadoras que están en los centros de trabajo les pertenecen a los patronos; y (b) que los patronos pueden saber qué usos se les han dado a los correos electrónicos y a los sistemas de Internet de sus empresas.

Ahora bien, los problemas para la privacidad comienzan cuando los servicios de Internet dentro de las empresas son abiertos. Cuando eso es así los empleados, al poder utilizar las redes de Internet con pocas restricciones, pueden dejar rastros imborrables dentro de las computadoras que utilizan y, sobre todo, dentro de las *bases de datos de las empresas*. Y eso, lamentablemente, les permite a los patronos obtener claros perfiles sobre las personalidades de los empleados.

Otro asunto problemático dentro de las empresas privadas ocurre cuando los patronos, en aras de tener un mayor control, deciden instalar sistemas biométricos: (1) para registrar las entradas y salidas de los empleados; y/o (2) para restringir y/o registrar los accesos a ciertas áreas. Cabe recordar que los sistemas biométricos «se utilizan para verificar la identidad de una persona a través de alguna característica biológica única (como huellas dactilares, iris, retina, el contorno de la mano, la forma de la oreja, patrones de la voz o, inclusive, olores corporales)...».[lxxiv]

Dicho eso, cabe preguntar lo siguiente: *¿cuál es el problema con la utilización de los sistemas biométricos?* Desde el aspecto patronal, no le veo ningún problema. El problema está en que, en muchas ocasiones, las bases de datos de las empresas están conectadas a la red de Internet. Y las agencias de inteligencia, tanto las secretas como las conocidas, tienen los recursos humanos, técnicos y legales para acceder a las mencionadas bases de datos y obtener *los datos biométricos y personales* de los empleados.

Ya que mencioné a las agencias de inteligencia, debo señalar que todo empleado está sujeto a ser espiado por una agencia de inteligencia mientras se encuentre en su trabajo. Y, querido lector, cuando dije todo empleado eso significa que para las agencias de inteligencia no hay *—ni a nivel doméstico ni a nivel internacional—* vacas sagradas.

Un buen ejemplo para corroborar lo mencionado está relacionado «Enrique Peña Nieto», *Presidente de los Estados Unidos Mexicanos.* Digo eso ya que Peña Nieto, mientras era candidato presidencial y empleado de su partido político, fue espiado por las agencias de inteligencia de EUA. De hecho, se sabe que sus llamadas telefónicas, sus comunicaciones por Internet y algunos de sus archivos computarizados fueron interceptados, almacenados y analizados.[lxxv]

Tampoco se puede olvidar que las agencias estadounidenses de espionaje, en nombre de la seguridad nacional, interceptaron, analizaron y almacenaron las comunicaciones (telefónicas y electrónicas) oficiales y privadas: (1) de las personas que trabajaban en la embajada francesa que está ubicada en Washington, D.C.; (2) de la Dra. Angela Dorothea Merkel, Canciller Federal de Alemania; y (3) del Dr. Ban Ki-moon, Secretario General de la Organización de las Naciones Unidas.[lxxvi]

Ahora bien, estimado leedor, el asunto que demuestra más allá de duda razonable que no hay vacas sagradas –ni empleos ni empleados– para las agencias de espionaje, es que dichas agencias han destrozado los derechos de libertad de prensa y de privacidad de los periodistas.

Digo eso ya que todas las potencias mundiales, en violación a los derechos humanos, se pasan interceptando, almacenando y analizando *las comunicaciones de los periodistas.* Y eso, tristemente, incluye: (1) los teléfonos móviles de los periodistas; (2) los teléfonos residenciales de los periodistas; (3) las comunicaciones por Internet de los periodistas; y (4) los teléfonos y servicios de Internet que tienen los medios de prensa.

Para demostrar lo antes mencionado, que es una violación al derecho que tienen los ciudadanos de tener una prensa libre de interferencias gubernamentales, comienzo diciendo que un estudio realizado –y dado a conocer en 2013– por la ***Unión Estadounidense por las Libertades Civiles*** (ACLU, por sus siglas en inglés) demostró, en lo pertinente, que el Buró Federal de Investigación (FBI, por sus siglas en inglés) se pasa interceptando las comunicaciones de los periodistas que trabajan en EUA.[lxxvii]

Otra buena evidencia está relacionada con un canal de noticias estadounidense llamado *Fox News Channel.* Digo eso ya que el fascista y plutócrata Gobierno Federal de Estados Unidos de América, planteando que era «dizque» un criminal y un peligro de fuga, obtuvo una orden judicial para interceptar y revisar «los registros telefónicos y de correo electrónico de James Rosen, el corresponsal de Washington, D.C., de la cadena televisiva (...) *Fox News.* Esto fue para identificar detalles de (...) un artículo publicado en *Fox News.com* en el 2009.»[lxxviii]

Tampoco se puede olvidar que, en violación a la libertad de prensa, el mencionado Gobierno, por medio de sus orwellianas y bajunas tácticas de espionaje, interceptó y recopiló «en secreto los registros telefónicos» de miles de periodistas, editores y fotoperiodistas que laboraban para «The Associated Press.»[lxxix]

Por último, resta decir que las maléficas acciones gubernamentales de estar interceptando y analizando las comunicaciones de los periodistas que se dedican al periodismo investigativo son unas monstruosas acciones que, además de violentar el derecho a la prensa libre, buscan intimidar a los periodistas con el fin de que no publiquen informaciones sobre las acciones indebidas que se pasan ejecutando: (a) los políticos más influyentes; (b) las agencias de inteligencia; y (c) las agencias del orden público.

También se puede decir que las mencionadas acciones buscan que los ciudadanos estén: (a) desinformados; y (b) *manipulados* por la propaganda que está disfrazada de periodismo. Y tenga en cuenta, apreciado leyente, que «en la medida en que el pueblo no pueda estar informado, que es el rol vital de la prensa, no solo se limita el acceso a lo que acontece sino que se priva al pueblo de su derecho de decidir de manera consciente e informada.»[lxxx]

Ahora bien, debe saber que estoy de acuerdo con que las agencias de inteligencia —luego de obtener órdenes judiciales que estén accesibles al ojo público— intercepten *las comunicaciones telefónicas y electrónicas* de los periodistas que, en detrimento del periodismo, estén envueltos en acciones delictivas.

Así, por ejemplo, recuerdo que las autoridades de EUA arrestaron —en 2003— a varios periodistas que, mientras se encontraban laborando en Irak, se apropiaron ilegalmente de varias obras de arte. En casos como esos, las autoridades tienen que escrudiñar e interceptar las comunicaciones telefónicas y electrónicas de esos periodistas con el fin de identificar a los posibles colaboradores y/o compradores de las hurtadas obras de arte.[lxxxi]

VI. Negocios propios y privacidad

Dentro de todas las superpotencias, el establecimiento de un negocio propio significa que los Gobiernos tendrán el poder para vigilar de cerca: (1) las operaciones de los negocios; y (2) las finanzas de los dueños y gerentes. Buen ejemplo sobre eso proviene desde EUA. Digo eso ya que el Buró Federal de Investigación (FBI, por sus siglas en inglés) se pasa «accediendo a la información crediticia y financiera de la población general, sin autorización judicial y bajo el manto de una impenetrable secretividad.»[lxxxii]

Cabe señalar, particularmente sobre el punto número uno antes mencionado, que eso incluye las llamadas telefónicas que reciben y realizan los dueños, empleados y gerentes de las empresas y de las pymes. Buen ejemplo sobre eso también proviene de los Estados Unidos de América. Digo eso ya que las agencias de inteligencia de dicho país, incluyendo la Agencia de Seguridad Nacional (NSA, según sus siglas en inglés), interceptan, analizan y almacenan informaciones «sobre decenas de millones de comunicaciones telefónicas de (...) empresas en EE.UU.»[lxxxiii]

Debe tener en cuenta que, cuando digo empresas me refiero a toda clase de empresas. Por eso es que, por ejemplo, si usted y algunos de sus amigos deciden establecer un *pequeño e independiente* periódico electrónico (en Internet) en EUA, eso significa que usted y sus amigos están abriendo la puerta para ser espiados por agencias de inteligencia y por algunas agencias de ley y orden.

Señalo eso ya que las agencias de inteligencia de EUA, al igual que las divisiones de inteligencia del Buró Federal de Investigación (FBI, según sus siglas en inglés): (1) adoran interceptar, analizar y almacenar *las comunicaciones telefónicas y electrónicas* que reciben y realizan los dueños, empleados y jefes de las empresas que tienen presencia en la red de Internet; y (2) tienen los recursos tecnológicos, humanos y legales para hacer lo mencionado.[lxxxiv]

A eso se suma que, si las bases de datos de los negocios están conectadas a la red de Internet los Gobiernos pueden acceder a ellas con el fin de obtener informaciones que, se supone, sean privadas. Eso me hace recordar, por ejemplo, que la Agencia de Seguridad Nacional de EUA (NSA, según sus siglas en inglés) interceptó, almacenó y analizó correos electrónicos, llamadas telefónicas, mensajes de texto y videoconferencias *(efectuadas por la red de Internet)* de empleados de una empresa petrolera, que tiene su sede en la República Federativa del Brasil, llamada Petróleo Brasileiro S.A.(Petrobras).[lxxxv]

Ahora bien, el asunto más preocupante es que las agencias de inteligencia de los mencionados países tienen los recursos y las disposiciones «jurídico-fascistas» para, en violación al derecho a la privacidad y al derecho internacional, obtener informaciones privadas que estén relacionadas con los clientes de las empresas.

Así, por ejemplo, se sabe que la Agencia de Seguridad Nacional de EUA, sin órdenes judiciales y sin tener motivos fundados para creer que se hayan cometido actos delictivos, se pasa accediendo a las bases de datos: (1) de las instituciones financieras; (2) de las empresas de contabilidad; y (3) de las instituciones médicas. ¿Sabe para qué? Para analizar y almacenar informaciones: (a) sobre los «historiales médicos» de los habitantes de EUA; (b) sobre los historiales bancarios de los habitantes de EUA; (c) sobre las comunicaciones –incluyendo los «correos electrónicos»– *entre banqueros y clientes;* y (d) sobre las comunicaciones entre contables y clientes.[lxxxvi]

Al analizar lo antes mencionado, lo menos que se puede decir es que las agencias de inteligencia tienen el poder para mandar al carajo muchos de los privilegios que están relacionados: (a) con el Derecho Probatorio; (b) con el ejercicio de algunas profesiones; y (c) con los secretos de negocio. Así, por ejemplo, al poder acceder a las bases de datos de los bancos y de las empresas de contabilidad, los analistas de las agencias de inteligencia se pasan por sus nalgas los privilegios de confidencialidad que deben existir en las comunicaciones entre los contadores públicos autorizados y sus clientes.

Sobre ese privilegio, que es bastante antiguo, cabe recordar que establece que toda persona tiene el privilegio de que una tercera persona, aunque sea agente del Estado, no tenga conocimiento sobre los *contenidos de las comunicaciones* que haya sostenido con su contador público autorizado sobre asuntos profesionales y legales.[lxxxvii]

Con relación a los análisis gubernamentales sobre los «historiales médicos» y electrónicos, cabe recordar que eso es un asunto peligroso, alarmante y decepcionante. Ya que, además de ser una crasa violación al derecho a la privacidad de los pacientes, es una violación al privilegio de confidencialidad en las comunicaciones entre los médicos y sus pacientes.[lxxxviii]

Debe haber notado, luego de haber leído lo anterior, que indiqué que las agencias de inteligencia, sin órdenes judiciales y sin tener motivos fundados para creer que las empresas espiadas estén envueltas en actividades criminales, se pasan interceptando, analizando y almacenando las comunicaciones telefónicas y electrónicas: (1) de empresas domésticas; y (2) *de empresas internacionales.* Pues bien, dichas acciones son violaciones a una doctrina empresarial llamada el privilegio de secreto de negocio.

Según esa vieja doctrina, todo dueño de negocio tiene el privilegio de mantener en secreto algunos asuntos. Así, por ejemplo, se sabe que puede mantener en secreto «lo relativo a diseño de un producto, fórmula de un producto, listas de clientes y otros secretos cuya divulgación sea contraria a un sistema de libre empresa.»[lxxxix]

Si nos movemos a EUA, luego de haber analizado lo anterior, se puede decir que las agencias de inteligencia del mencionado país han convertido el secreto de negocio, tanto a nivel doméstico como a nivel internacional, en un privilegio difícil de proteger. De hecho, me atrevo a decir que *los secretos de negocio* pudieran estar mejor –no totalmente– protegidos: (1) si los archivos electrónicos de una empresa se almacenan dentro de una computadora que esté dentro de una bóveda que no permita la penetración de la señal de Internet; y (2) si el jefe de un negocio mantiene un excesivo control –*casi llegando a la paranoia*– sobre los documentos –*electrónicos y/o en papel*– sensitivos.

Digo eso ya que las agencias de inteligencia, *por medio de los espionajes telefónicos, electrónicos y físicos,* se enteran de datos que, según la mencionada doctrina, estarían protegidos. Y tenga en cuenta, espiado lector, que cuando menciono el asunto de las interceptaciones y análisis de las comunicaciones de los negocios, eso incluye el asunto de interceptar y analizar –en directo– lo que se esté diciendo por medio de los sistemas computarizados que permiten la realización de videoconferencias a larga distancia.

Lo dicho me hace recordar que las agencias de inteligencia de EUA, sin que los participantes se enteren y sin ser casos relacionados con actividades criminales, se pasan interceptando, analizando y viendo algunas de *las videoconferencias internas que realizan las empresas* mediante sistemas tecnológicos relacionados con Cisco Systems, «Skype», entre otros sistemas similares.[xc]

También recuerdo que la Agencia de Seguridad Nacional de EUA (NSA, según sus siglas en inglés), en violación a la decencia y violando varias normativas internacionales, *interceptó, almacenó y observó* –en directo– las videoconferencias internas de la Organización de las Naciones Unidas.[xci]

Debe haber notado que, líneas arriba, mencioné que los dueños de las empresas, *estableciendo controles excesivos,* pueden minimizar las posibilidades de que sus secretos de negocio caigan en manos indebidas. Pues bien, dije minimizar ya que no se puede eliminar del todo el espionaje empresarial.

Un buen ejemplo sobre eso proviene desde las oficinas centrales de ese billonario y depravado negocio llamado la Iglesia católica. Digo eso ya que «Paolo Gabriele», ayudante especial de un *degenerado y materialista* empresario llamado Benedicto XVI, extrajo ilegalmente «documentos confidenciales» de la oficina del mencionado empresario.[xcii]

Por último, antes de cerrar esta sección tengo la obligación de realizar dos observaciones. La primera observación que tengo que realizar es la que establece que, las agencias de inteligencia de las potencias mundiales se han alejado de sus exclusivas misiones de perseguir a los criminales y a los terroristas. Digo eso ya que ahora, gracias a la *expansión del neofascismo,* las mencionadas agencias han entrado en el juego del espionaje empresarial e internacional con el fin de beneficiar a las empresas domésticas.

Así, por ejemplo, se sabe que las agencias de inteligencia de EUA, con el fin de beneficiar a las empresas domésticas que están relacionadas con las fuentes de energía, se pasan espiando a las empresas internacionales que están relacionadas con asuntos *«económicos y recursos energéticos.»*[xciii] Buena evidencia sobre ello es que la Agencia de Seguridad Nacional de EUA (NSA, según sus siglas en inglés), «realizó espionaje acerca del petróleo y los recursos energéticos en México.»[xciv]

La segunda observación que tengo que realizar, juicioso lector, es la que establece que todas las empresas domésticas e internacionales que compran productos tecnológicos –como *software,* impresoras con conexión a la red de Internet y sistemas para realizar videoconferencias– que se han fabricado en EUA, al igual que productos que se han fabricado en el extranjero a nombre de empresas tecnológicas y estadounidenses, están abriendo las puertas para ser espiadas por medio de algunos de los mencionados productos.

Digo eso ya que, por increíble que parezca, la mayoría de las empresas tecnológicas y estadounidenses que les venden sus productos a las empresas domésticas e internacionales colaboran con el Gobierno Federal de los Estados Unidos de América. ¿Sabe para qué? Para facilitar el espionaje *gubernamental y empresarial* mediante unas sofisticadas programaciones que, secretamente, han instalado en sus productos.[xcv]

VII. Vía pública y privacidad

Las personas que caminan por las vías públicas, no tienen ningún tipo de expectativa de privacidad. De hecho, hoy en día las calles de miles de ciudades y municipios de EUA están llenas de agentes, guardias de seguridad, detectives privados y cámaras de seguridad. Además, no se puede pasar por alto que en todas las ciudades y municipios hay personas que, desde las ventanas de sus residencias, *se pasan mirando y analizando los comportamientos de las personas* que caminan por las vías públicas.

También debe recordar que millones de facilidades privadas —*como bancos, coliseos, restaurantes, hospitales, tiendas por departamentos y edificios comerciales*— están llenas: (1) de artefactos tecnológicos destinados a la vigilancia; y (2) de guardias de seguridad. Por eso se puede decir que en EUA, al igual que en muchos otros países, «las personas viven en un estado continuo de vigilancia...».[xcvi]

Ahora bien, lo más increíble de la vigilancia en las vías públicas y en las facilidades privadas es el enorme grado de sofisticación y control. Así, por ejemplo, se sabe que en muchas instalaciones gubernamentales, al igual que en algunas *instalaciones privadas,* se han instalado unos sofisticados sistemas computarizados que permiten que las cámaras de seguridad puedan realizar *reconocimientos faciales.*[xcvii]

También se sabe que muchas agencias de inteligencia de EUA, al igual que algunas agencias federales de ley y orden, tienen los recursos legales, monetarios, tecnológicos y humanos para tener «acceso a todas las cámaras de vigilancia en las principales ciudades estadounidenses, tiendas, parques, calles y toda clase de negocios.»[xcviii]

Otro importante asunto que debo mencionar es que, en todos los países, las agencias y divisiones de inteligencia siempre han utilizado la vigilancia presencial para obtener informaciones valiosas sobre las personas bajo investigación. Así, por ejemplo, se sabe que el *Buró Federal de Investigación de EUA* (FBI, por sus siglas en inglés) siempre ha utilizado agentes para, de forma no ostensible, vigilar de cerca la vida privada y social de algunas celebridades. De hecho, recuerdo que el FBI vigiló de cerca a «Frank Sinatra, Charlie Chaplin y (...) Arthur Miller.»[xcix]

También se sabe que algunos agentes de la Agencia Central de Inteligencia (CIA, por sus siglas en inglés), en violación a la decencia, se pasan siguiendo, *documentando* y analizando las actividades de muchísimos habitantes pacíficos y decentes de los EUA. Y sobre ese asunto debo manifestar que, recuerdo que la Agencia Central de Inteligencia tenía un voluminoso expediente sobre la vida pública y privada del Dr. Noam Chomsky.

¿Sabe por qué la *Agencia Central de Inteligencia* vigilaba de cerca al doctor Chomsky? Porque el doctor Chomsky, un afamado y pacífico catedrático

–del Instituto Tecnológico de Massachusetts–, filósofo y autor de más de cien libros, se pasa criticando –públicamente– las aberraciones e ilegalidades que se pasa cometiendo el Gobierno Federal de los Estados Unidos de América.[c]

Con lo dicho en mente, ahora debo mencionar que los Gobiernos siguen utilizando la vigilancia presencial y secreta para vigilar los movimientos de las personas bajo investigación. De hecho, se sabe que los agentes de inteligencia siguen siguiendo a las tarjetas (personas) bajo investigación cuando entran: (1) a las bibliotecas públicas; (2) a las bibliotecas universitarias; (3) a los recintos universitarios; y (4) a las librerías. Ello, con el fin de saber qué leen y con qué tipo de personas se relacionan los investigados.[ci]

Habiendo dicho eso, sé que algunas personas podrían preguntarse si es legal que *los agentes de inteligencia y los agentes del orden público*, con el fin de obtener informaciones, persigan a las personas mientras caminen por las vías públicas de EUA.

Dicha interrogante tiene que ser contestada en la afirmativa. ¿Sabe por qué? Porque muchos tribunales han determinado que «la investigación de un sujeto no constituye una violación al derecho de su intimidad (...) mientras dicha investigación se conduzca en una forma no ostensible y no sea irrazonablemente intrusiva.»[cii]

Contestada esa interrogante, es obvio que ha saltado a la vista otra interrogante: ¿las agencias de inteligencia y del orden público, pueden perseguir y abrir una investigación en contra de una persona aunque dicha persona no tenga *vínculos con el mundo criminal?* Dicha interrogante, lamentablemente, también tiene que ser contestada en la afirmativa. De hecho, se sabe que el Buró Federal de Investigación de EUA (FBI, por sus siglas en inglés) está facultado para realizar lo antes dicho.[ciii]

Por eso es que la mencionada agencia de ley y orden, sin tener motivos fundados para creer que estén envueltas en actividades criminales, se pasa siguiendo, recopilando y analizando las actividades de ciudadanos que no representan un peligro para la seguridad nacional.[civ]

Y eso incluye, tristemente, a los ciudadanos que se pasan protestando pacíficamente en contra de las acciones bélicas de los EUA. Digo eso ya que se sabe que el Buró Federal de Investigaciones de EUA (FBI, por sus siglas en inglés), se pasa investigando y confeccionando expedientes en contra de los mencionados ciudadanos.[cv]

Ahora bien, cabe recordar que lo mencionado no es un asunto nuevo. Digo eso ya que la historia ha demostrado que el FBI persiguió y levantó expedientes: (a) en contra de los «opositores a la guerra de Vietnam»; y (b) en contra de las «organizaciones que luchaban por la independencia de Puerto Rico.»[cvi]

Dicho eso, tengo que decir que la mejor evidencia que corrobora lo que he mencionado en los últimos cinco párrafos la brinda un estudio realizado por investigadores y abogados de la **Unión Estadounidense por las Libertades Civiles** (*ACLU, por sus siglas en inglés*).

Digo eso ya que los resultados de ese estudio, que fueron dados a conocer en 2013, demostraron que el FBI realizó —entre 2009 a 2011— trabajo de inteligencia sobre «82,000» personas. Sin embargo, únicamente en cuatro mil de dichas investigaciones existían motivos fundados para creer que los investigados estaban envueltos: (1) en actividades que podían afectar la seguridad nacional; y (2) en graves y peligrosas actividades relacionadas con los crímenes callejeros.[cvii]

Explicado lo anterior, ahora debo mencionar que la vigilancia física de las personas (como es el seguimiento por las vías públicas) ha cambiado muchísimo en estos orwellianos tiempos de la modernidad. Digo eso ya que los agentes de inteligencia y vigilancia, para su propio beneficio, pueden mantenerse a distancias seguras cuando vigilan a las personas. ¿Sabe por qué digo eso? Porque «la nueva tecnología proporciona (...) una herramienta poderosa y de bajo costo para seguir a las personas mientras viajan por áreas públicas y privadas.»[cviii]

Así, por ejemplo, se sabe que los agentes de inteligencia tienen binoculares, telescopios y cámaras de videograbación que tienen la capacidad de hacer acercamientos sorprendentes. También se sabe que los agentes y analistas de inteligencia, sin tener que seguir físicamente a las personas, pueden conocer y registrar los movimientos de las personas por medio de sus propios teléfonos celulares.

Digo eso ya que, peligrosamente, un teléfono celular puede registrar su propia ubicación por medio de «las redes de telefonía celular varias veces por minuto, y todas las empresas de teléfonos móviles en Estados Unidos (...) conservan esos datos, algunos de ellos durante años.»[cix] Y vale recordar que las agencias de inteligencia, en ocasiones sin necesidad de obtener órdenes judiciales, pueden acceder a las bases de datos de las empresas de telefonía celular con el fin de obtener los mencionados registros.

A lo anterior se añade que los espías y analistas de las agencias de inteligencia tienen los conocimientos y los recursos tecnológicos para, entre otras acciones, utilizar los sistemas de posicionamiento global *(GPS, por sus siglas en inglés)* que compran las personas como instrumentos de vigilancia.

Por eso creo que las empresas que venden aplicaciones y sistemas de posicionamiento global deben advertirles *a los consumidores,* en lo pertinente, que al utilizar sus sistemas «GPS para llegar a un lugar» se pasan dejando rastros que pueden ser fácilmente seguidos por los agentes de inteligencia y, por supuesto, por los piratas informáticos.[cx]

Por otro lado, todo el mundo sabe que en las plutocracias en donde se juega a la democracia,

Usted no tiene privacidad

como en los Estados Unidos de América, «hay un derecho a transitar libremente mientras uno no se conduzca de manera sospechosa de que va a cometer, está cometiendo o cometió un delito.»[xi]

Pues bien, en los mencionados países se está dando el fenómeno de que muchos cuerpos policiales, en aras de capturar a delincuentes de poca importancia, desean acabar con la mencionada libertad. ¿Y cómo la quieren acabar? Por medio de una *vieja y fascista práctica policial* llamada detención y cacheo.

Digo eso ya que algunos departamentos de Policía en EUA, excretando sobre la constitución del mencionado país, han estado utilizando despiadada y discriminatoriamente la menciona práctica policial.[cxii] Por eso es que usted, en muchas ciudades y municipios de EUA, tiene altísimas probabilidades de ser –mientras camina por una vía pública– detenido, empujado y registrado sin que los policías tengan motivos fundados para creer que usted haya cometido un delito.[cxiii]

Dicho eso, es importante que tenga claro que esas abominables prácticas policiales de detener y cachear a las personas sin tener motivos fundados, que fueron constantemente utilizadas en la Alemania nazi, son –como dice la *US District Court for the Southern District of New York*– actos ilegales.[cxiv] También está confirmado que son unas inmorales, perversas e inefectivas prácticas policiales que «demuestran una profunda apatía a los derechos constitucionales y fundamentales.»[cxv]

Por otro lado, todo el mundo sabe que en todos los países hay personas que se dedican a la investigación privada. En la mayoría de los países, a esas personas se les llama detectives privados. Pues bien, cabe recordar que muchos detectives privados tienen las herramientas para seguir y grabar de cerca a las personas bajo investigación cuando caminan: (1) por facilidades y vías públicas; y (2) en edificios privados. Digo eso ya que se sabe que muchos detectives privados, en el cumplimiento de sus misiones, utilizan *«cámaras de vídeo,* micrófonos ocultos y sistema GPS de rastreo...».[cxvi]

Sobre la facultad legal que tienen los detectives privados para grabar imágenes y conversaciones, se sabe que en muchos países existen leyes y decisiones judiciales que indican que los mencionados investigadores, que cuentan con licencias emitidas por el Estado, pueden «grabar audio y vídeo y fotografiar, siempre y cuando sea en un área pública.»[cxvii]

Ahora bien, se sabe que hay detectives privados que graban *en audio y vídeo* mientras se encuentran: (1) en lugares privados; y (2) en lugares en donde las personas tienen la expectativa de que sus acciones no serán grabadas por intrusos.

VIII. Comercios y privacidad

A. El «Big Brother» y el comercio

Es lamentable tener que reconocer que «la noción no especificada de seguridad nacional, se ha convertido en una justificación aceptable para la *intercepción de comunicaciones* en muchos países.»[xxviii] También es triste tener que reconocer que, en la mayoría de los países, las personas están utilizando con mayor frecuencia sus tarjetas de crédito. Ignorando, al parecer, que al utilizar sus tarjetas de crédito están dejando, para beneficio de piratas informáticos, detectives privados, policías y agentes de inteligencia, una «imborrable huella digital.»[xxix]

De hecho, lo mencionado me ha hecho recordar que los Gobiernos, en nombre de la seguridad nacional, están accediendo: (1) a las bases de datos de los comercios con el fin de saber qué han comprado los ciudadanos; y (2) a los historiales de las tarjetas de crédito y débito.

Para confirmar esto último, voy a mencionar los hallazgos de un análisis que realizó la **Unión Estadounidense por las Libertades Civiles** (ACLU, por sus siglas en inglés). Según dichos hallazgos, que fueron dados a conocer en 2013, el Buró Federal de Investigación de EUA (FBI, por sus siglas en inglés), *sin obtener previamente órdenes judiciales,* se pasa accediendo electrónicamente a las bases de datos de ciertos comercios con el fin de averiguar qué transacciones han realizado las personas.[cxx]

Sobre la legalidad de dichas acciones debo mencionar que el Buró Federal de Investigación de EUA (FBI, por sus siglas en inglés), gracias a todas las leyes y decisiones judiciales neofascistas que se han aprobado desde el dudoso incidente de terrorismo ocurrido el 11 de septiembre de 2011, «tiene autoridad para inspeccionar cualquier base de datos [...], inclusive las que contienen información de personas que ni siquiera están sospechadas de haber cometido algún delito.»[cxxi]

Dicho eso, es necesario mencionar que los agentes del Buró Federal de Investigación, al igual que los agentes de inteligencia de EUA, se pasan utilizando otro método para obtener informaciones sobre las transacciones comerciales. ¿Sabe cuál es dicho método? Las famosas Cartas de Seguridad Nacional.

Digo eso ya que por medio de dichas cartas, que no requieren la firma de un magistrado, los agentes de inteligencia y los agentes del FBI pueden pedirle a un gerente, supervisor y/o técnico de información de una empresa que le entregue toda la información que tenga sobre las transacciones que haya realizado una persona.[cxxii]

Así, por ejemplo, por medio de una de esas cartas –que deben llamarse requerimientos de información sin la intervención de fiscales ni jueces– el FBI puede pedirle a la empresa Home Depot que, en nombre del *neofascismo estadounidense,* le provea información sobre las compras que haya realizado el señor Ismael Leandry-Vega.[cxxiii]

Lo más preocupante sobre las Cartas de Seguridad Nacional es que, el FBI se pasa abusando de su poder. Digo eso ya que el Buró Federal de Investigación se pasa expidiendo requerimientos de información sin tener motivos fundados para creer que las personas investigadas hayan cometido actos criminales. Por eso fue que un informe de la Unión Estadounidense por las Libertades Civiles (ACLU, por sus siglas en inglés) demostró que el Buró Federal de Investigación (FBI, por sus siglas en inglés), entre el 2003 al 2005, expidió cerca de *ciento cincuenta mil* requerimientos de información.[cxxiv]

Dicho eso, es obvio que salta a la vista una pregunta: ¿los negocios que están relacionados con la salud –como los hospitales, las aseguradoras y las oficinas privadas de los médicos–, están obligados a brindar informaciones cuando se les pida por medio de las *Cartas de Seguridad Nacional?* Es triste, al contestar dicha interrogante, tener que decir que sí. Recuerde que el derecho estadounidense establece que «los historiales médicos», los que sean, están sujetos a ser ocupados y analizados por medio de los mencionados documentos.[cxxv]

También temo decirle que usted no debe esperar que las instituciones financieras, por lo menos las que están en EUA, protejan sus datos personales. Digo eso ya que las agencias de inteligencia de los EUA, sin que usted lo sepa, también pueden verificar *los historiales «financieros»* por medio de las Cartas de Seguridad Nacional.[cxxvi]

A eso se añade que si usted sale de su casa y se mete a una biblioteca, las agencias de inteligencia –incluyendo el Buró Federal de Investigación de EUA (FBI, por sus siglas en inglés)– pueden saber, por medio de una Carta de Seguridad Nacional: (1) qué libros usted ha leído; y (2) su historial en la biblioteca. Y si usted utiliza la red de Internet de la biblioteca, *las mencionadas agencias* también pueden hacer lo antes mencionado.[cxxvii]

Si uno analiza profundamente el asunto de las Cartas de Seguridad Nacional, uno puede llegar a la conclusión de que son un vacilón: (1) a la doctrina de separación de poderes; y (2) a las doctrinas constitucionales que dicen que los bienes y papeles de las personas únicamente se pueden inspeccionar y ocupar por medio de órdenes judiciales.

Digo eso, en primer lugar, ya que la utilización de las Cartas de Seguridad Nacional «no requieren el permiso de fiscal, juez o jurado.» También digo eso ya que la información solicitada se puede obtener *«sin el conocimiento o consentimiento»* del vigilado.[cxxviii]

Con lo anterior en mente, no puedo dejar de mencionar que los comercios que hacen negocios en los Estados Unidos de América tienen la obligación de informarles a las agencias federales de ley y orden, según la peligrosa y abusiva Ley Patriota, todas aquellas informaciones que puedan ser relevantes para las investigaciones relacionadas con el terrorismo.[cxxix]

Así, por ejemplo, si una persona compra en *Home Depot* muchos galones de veneno, los gerentes de la mencionada tienda deben notificar dicha compra a las autoridades federales.

B. Información personal y comercios

Es lamentable tener que reconocer que «nunca en nuestra historia había sido tan sencillo el acceso y distribución de información personal.»[xxx] También es lamentable tener que reconocer que la red de Internet «provee un espacio que facilita la comisión de delitos informáticos.»[xxxi]

Y sobre esto último no se puede pasar por alto que a los *delincuentes informáticos,* gracias a sus habilidades, conocimientos y equipos tecnológicos, se les hace muy fácil apropiarse –ilegalmente– de la información personal que está almacenada en las cientos de miles de bases (electrónicas) de datos comerciales que existen alrededor del mundo.

Buena prueba sobre eso es que el ***Identity Theft Resource*** reportó, en 2008, *seiscientos cincuenta y seis* «casos de accesos indebidos a bancos de datos con información personal, exponiendo a más de 35.6 millones de personas al robo de identidad.»[xxxii]

Por eso he concluido que toda persona que, por medio de una computadora, haya escrito y archivado información personal en las bases (electrónicas) de datos que les pertenecen a los comercios, ha perdido un enorme pedazo de su derecho a la privacidad. Así, por ejemplo, si usted ha escrito y archivado información personal y financiera en las bases de datos de las librerías electrónicas, al igual que en Facebook, usted está permitiendo que su información sea vista y copiada por muchísimas personas, entre ellas delincuentes informáticos.

Debe haber notado que mencioné a *Facebook*. Pues bien, debo recordarle que *Facebook* –al igual que Myspace & Twitter– no es un lugar creado para que la gente se entretenga de gratis. *Facebook* es un comercio en donde: (1) sus dueños les venden entretenimientos a los usuarios; y (2) las personas les pagan a los dueños de *Facebook* por medio de sus datos personales. ¿Y qué hacen los millonarios dueños de Facebook con los mencionados datos personales? Los recolectan y los venden por cifras millonarias.[cxxxiii]

Sobre las maneras que utilizan los millonarios dueños de Facebook, al igual que los dueños de otros negocios de entretenimientos en línea, para obtener los datos personales de las personas, debo señalar que la más básica es obteniendo la información personal que las personas envían a las computadoras centrales de Facebook al activar sus cuentas.

La otra manera, es por medio de las afamadas aplicaciones. Digo eso ya que se sabe que «algunas de las aplicaciones más populares en Facebook, es decir los juegos, concursos y servicios para compartir contenido (...), *están recopilando* cantidades copiosas de información personal.»[cxxxiv]

Explicado eso, ahora tengo que decirle que la discusión se torna kafkiana. ¿Sabe por qué? Porque toda información personal que usted haya escrito, *a puño y letra*, en formularios comerciales, financieros, educativos, médicos y hospitalarios, también puede ser observada, compartida y vendida. Así, por ejemplo, se sabe que las empresas de seguros médicos, las agencias de inteligencia, los detectives de la Policía, los empleadores y *los detectives privados* se pasan buscando y analizando la mencionada información.

Sobre el asunto de la disponibilidad legal de la información médica y hospitalaria, se sabe que casi siempre esa información está disponible ya que «*los pacientes mismos,* tal vez inadvertidamente, renuncian a su derecho a la intimidad al firmar formularios de autorización o consentimiento general cuando ingresan a un hospital.»[xxxv]

También se sabe que muchos solicitantes de empleo, casi siempre cuando solicitan empleo en empresas relacionadas con la seguridad privada, renuncian a su derecho a la privacidad al firmar formularios que permiten la recopilación y el análisis de sus historiales médicos, hospitalarios, educativos, laborales, judiciales y financieros.

Habiendo llegado a este punto de la discusión es forzoso concluir que los consumidores, por más leyes y decisiones judiciales que se hayan redactado en protección de la información personal, están imposibilitados «de controlar quiénes tienen acceso a datos personales que se generan con sus transacciones comerciales y de otra índole.»[xxxvi]

También se puede concluir que *el consumidor,* en estos tiempos en donde existen traficantes de información personal por doquier, carece «de herramientas esenciales para conocer el uso que terceros le dan a su información personal, que en muchos casos es revendida sin su conocimiento.»xxxvii

IX. No hay privacidad en Internet

A. El antivirus no funciona

Todo el mundo sabe que «la élite global, *Gobiernos* y grandes empresas manipulan tecnologías para sus intereses con el fin de mantener y aumentar su poder y su influencia sobre la gente común.»xxxviiiTambién es de conocimiento general que, en todos los países, «los servicios secretos siempre han rastreado la red de Internet de una manera muy activa.»xxxix

Ahora bien, lo más sorprendente sobre lo que he mencionado es que los servicios secretos de la mayoría de los países, al igual que algunas empresas que les pertenecen a los titanes del capitalismo, tienen los recursos tecnológicos y humanos para *interceptar, almacenar y analizar* muchas de las comunicaciones electrónicas que, popularmente, se consideran privadas.

Por eso puedo decir que nadie, aunque haya contratado los servicios de una empresa que provea anonimato en la red de Internet, tiene privacidad cuando navega por red informática, mundial, descentralizada y formada por la *conexión directa entre computadoras* mediante un protocolo especial de comunicación.

Para sostener lo expresado, comienzo diciendo que las agencias de inteligencia de las potencias militares tienen los recursos tecnológicos y humanos para «descifrar los datos personales y encriptados que resguardan la información personal de las personas en Internet.»[cxl]

Así, por ejemplo, se sabe que algunas agencias de inteligencia de EUA, Nueva Zelanda, Reino Unido, Rusia y China tienen los recursos tecnológicos y humanos para burlar todas las *medidas electrónicas de seguridad* que, regularmente, están presentes: (1) en los foros electrónicos de discusión; (2) en las tiendas que tienen presencia en la red de Internet; (3) en las bases de datos de las instituciones de educación superior; (4) en los correos electrónicos; y (5) en las bases de datos de las instituciones financieras.[cxli]

Además de eso, se sabe que en la inmensa mayoría de los países las agencias de ley y orden están legalmente facultadas para, luego de obtener órdenes judiciales, descifrar los datos personales y encriptados de las personas naturales y/o jurídicas que estén bajo investigación. Y tenga en cuenta que en algunos países, como en EUA, Irán, Rusia y China, algunas agencias de inteligencia pueden hacer lo anterior *sin necesidad de obtener*, previamente, órdenes judiciales.

Discutido lo anterior, sé que usted podría estar pensando —*otra vez*— en los afamados antivirus que se venden por ahí. Sé, además, que usted podría pensar que los afamados antivirus son medidas adecuadas para evitar que los espías electrónicos puedan realizar lo antes mencionado.

Pues bien, lamento tener que decirle que los antivirus no sirven para evitar que los analistas de las agencias de inteligencia puedan espiar a las personas naturales y jurídicas. Esto por la razón de que las agencias de inteligencia, especialmente las estadounidenses, trabajan mano a mano con las empresas que fabrican los afamados antivirus para las computadoras.

¿Sabe para qué? Para crear y posteriormente instalar, secretamente, programas computarizados y gubernamentales en las computadoras de los compradores de los afamados antivirus.[cxlii] Eso significa que si usted ha comprado un antivirus popular, es altamente probable: (1) que su computadora esté infectada con un programa espía del Gobierno; y (2) que el Gobierno esté almacenando sus actividades en la red de Internet.

Por último, no puedo cerrar esta sección sin manifestar que las agencias de inteligencia han encontrado una buena forma para obtener, secretamente, informaciones confidenciales de las personas (naturales y jurídicas) sin necesidad de obtener órdenes de registro y allanamiento.

¿Sabe cómo hacen lo anterior? Colocando informantes: (1) dentro de las empresas que proveen servicios de Internet; (2) dentro de las empresas que proveen servicios de redes sociales electrónicas; y (3) dentro de empresas que producen programas, instrucciones y reglas para ejecutar ciertas tareas en las computadoras u ordenadores.[cxliii]

B. Requerimientos de información

Dice la Organización de las Naciones Unidas que todos los seres humanos tienen derecho «a la libertad de expresión en Internet.»[cxliv] Pues bien, muchos países respetan lo manifestado por la O.N.U. ya que: (1) suena bonito; y (2) es conveniente para la seguridad nacional. *Voy a explicar esto con más calma.*

Todo el mundo sabe que la red de Internet «es, en efecto, una mina de datos. Una ventana desde la que accedemos al mundo, y por la que el mundo puede entrar en nuestra casa –con o sin invitación–[...]».[cxlv] Pues bien, los miembros de las comunidades de inteligencia de muchos países entienden que garantizando la libertad de expresión en la red de Internet se pueden obtener, en beneficio de la seguridad nacional, enormes cantidades de valiosas informaciones.

De hecho, los analistas y agentes de inteligencia de EUA, Canadá, Nueva Zelanda, Australia y Reino Unido desean que las personas: (1) tengan cuentas en Facebook; (2) participen en los foros electrónicos de discusión; (3) tengan bitácoras electrónicas; (4) hagan comentarios en las *bitácoras electrónicas* de otras personas; (5) usen asiduamente sus correos electrónicos; y (6) realicen compras en línea.

¿Sabe por qué los miembros de las mencionadas comunidades de inteligencia desean que las personas realicen lo anterior? Ya que pueden obtener *informaciones relevantes, incriminatorias y privadas* sobre los usuarios. Así, por ejemplo, por medio de una Carta de Seguridad Nacional una agencia de inteligencia de EUA puede obtener, sin la intervención de un magistrado, «el nombre del usuario de una cuenta, su localización, dirección IP, correo electrónico (...) y las direcciones con las que se intercambiaron correos electrónicos.»[cxlvi]

Y no se puede olvidar, además, que los agentes de inteligencia de EUA, por medio de la misma Carta de Seguridad Nacional, pueden revisar detalladamente los «contenidos de los correos electrónicos o mensajes (...), fotos (...), archivos cargados en los servidores, eventos en el calendario y cualquier otro elemento creado en los sistemas por el usuario» investigado.[cxlvii]

Para que usted pueda ver que los analistas y agentes de inteligencia adoran que las personas utilicen artefactos tecnológicos y escriban en la red de Internet, ya que pueden obtener informaciones valiosas e incriminatorias, veamos tres ejemplos.

El primer ejemplo está relacionado con la empresa Apple, Inc. Digo eso ya que los gerentes y dueños de esa empresa recibieron, por parte de agentes de inteligencia de *Estados Unidos de América,* cerca de diez mil solicitudes de información (cartas de seguridad nacional) relacionadas con «cuentas o dispositivos de usuarios.» Cabe señalar que las mencionadas solicitudes de información, fueron presentadas «entre diciembre 2012 a mayo 2013.»[cxlviii]

El segundo ejemplo está relacionado con la empresa Yahoo. Digo eso ya que esa empresa estadounidense, durante el primer trimestre de 2013, *«recibió más de 29.000 solicitudes gubernamentales* para revelar datos confidenciales de sus usuarios (...). Casi la mitad de estas peticiones -12.444- fueron de *EE. UU.* y afectaban a poco más de 40.000 cuentas.»[xlix]

El tercer ejemplo está relacionado con la empresa *Facebook*. Digo eso ya que esa empresa estadounidense, durante el primer trimestre de 2013, recibió «38.000» solicitudes gubernamentales para revelar y entregar información. «De los 38.000 perfiles con solicitud de información, entre 20.000 y 21.000 fueron solicitados por Estados Unidos.»[l]

Por último, no puedo cerrar esta sección sin manifestar que algunos países han establecido unas intrusivas medidas para que las personas, renunciando al derecho a la privacidad, les provean ciertas informaciones electrónicas.

Así, por ejemplo, si usted va a Israel usted tiene que permitir que un agente del Estado examine: (1) sus correos electrónicos; y (2) sus actividades en las redes sociales electrónicas. De lo contrario, el Gobierno de Israel puede impedir que usted entre al país.[cli]

Capítulo tres
Los tribunales y la privacidad

I. Tribunales y comunicaciones

Todo el mundo sabe que «el derecho a la intimidad no es absoluto, y cede ante derechos individuales de igual jerarquía o ante intereses apremiantes del Estado.»[clii] También es conocido el hecho que los agentes del Estado, en aras de intervenir con el derecho a la privacidad de las personas, necesitan –*como regla general*– obtener una orden de registro y allanamiento.

Por eso es que, en estricto Derecho, *interceptar, almacenar y analizar* las comunicaciones electrónicas y/o telefónicas de una persona sin haber obtenido (previamente) una orden judicial son unas acciones que, por decir lo menos, violan «la libre expresión y el derecho a la intimidad.»[cliii]

Por cierto, debo mencionar que mi opinión coincide con la opinión jurídica de la Dra. Anna Diggs Taylor, jueza de la Corte de Distrito de los Estados Unidos de América. Digo eso ya que esa doctora manifestó que toda ley y/o programa gubernamental que permita, sin haber obtenido previamente una orden judicial, la interceptación, almacenamiento y/o análisis de las comunicaciones (electrónicas y/o telefónicas) de los ciudadanos «viola los derechos a la libertad de expresión y a la intimidad de los ciudadanos, así como la separación de poderes...».[cliv]

También debo mencionar que, el Dr. Albert Arnold "Al" Gore, Jr. –premio **Nobel de la Paz**– tiene una opinión muy parecida a la mía y a la de la doctora Diggs Taylor. Digo eso ya que el doctor Gore, que recibió un doctorado *honoris causa* –específicamente el título de «Doctor of Laws and Humane Letters in Ecology and Evolutionary Biology– por la Universidad de Tennessee en EUA, ha indicado que «el programa de espionaje electrónico sin orden judicial es una amenaza contra la estructura misma de nuestro gobierno.»[clv]

Ahora bien, debo advertir con mucha tristeza que lo antes mencionado son, en la dimensión real de la vida, puras ilusiones. Digo eso ya que la realidad diaria demuestra que «los gobiernos y *los organismos encargados de velar por el cumplimiento de la ley* están cada vez más convencidos de que, para proteger a los ciudadanos, deben romper las barreras de la privacidad.»[clvi]

Por eso es que, por ejemplo, si usted va a los EUA terminará notando que el *Gobierno Federal de los Estados Unidos de América,* bajo el subterfugio de mantener en buen estado la seguridad nacional –y sabiendo que los criminales callejeros matan a sobre seis mil personas todos los años–, ha gobernado «con prepotencia»: (1) «al agenciarse de una forma sin precedente poderes omnímodos»; y (2) al «poner en marcha mecanismos de vigilancia que [...] se pueden usar para oprimir derechos a los ciudadanos.»[clvii]

Eso me hace recordar que en los Estados Unidos de América, al igual que en Reino Unido, China, Canadá, Nueva Zelanda, Irán y Australia, las agencias de inteligencia, sin órdenes judiciales y presentando excusas baratas que dicen que buscan «dizque» proteger a los ciudadanos de unos supuestos enemigos que a todas luces son invisibles, desconocidos e inexistentes, utilizan peritos, piratas informáticos, *analistas de inteligencia,* «supercomputadoras» y «colaboraciones a puerta cerrada con compañías tecnológicas y proveedores de Internet» para: (1) «introducir vulnerabilidades en las encriptaciones estándares»; y (2) «descifrar códigos.»[clviii]

Ahora bien, lo más espeluznante es que en casi todos los países se están utilizando las leyes, los reglamentos y las órdenes ejecutivas para, entre otras atrocidades, pisotear y destruir el derecho a la privacidad. Buen ejemplo sobre eso proviene desde un pequeño narcoestado llamado Puerto Rico.

Allí, en donde la corrupción se ha convertido en sinónimo de éxito socioeconómico, el Derecho establece que ciertos imputados de delitos que se encuentren bajo fianza, al igual que algunos ciudadanos que se beneficien de programas de desvíos, vienen obligados a portar unos grilletes electrónicos: (1) que están equipados con sistemas de posicionamiento global; y (2) que están equipados con unos sofisticados micrófonos que permiten que los agentes de monitoreo puedan escuchar y grabar las conservaciones de las personas.[clix]

También es preocupante el hecho de que los *analistas y agentes de inteligencia*, aprovechándose de la imbecilidad de los jueces de estos tiempos, se pasan mintiéndoles a los jueces con el fin de pisotear y destrozar el derecho a la privacidad con anuencias judiciales. Buena prueba sobre ello proviene desde EUA. Digo eso ya que el Gobierno Federal de los Estados Unidos de América, especialmente su comunidad de inteligencia, «viola los derechos civiles y humanos de su gente [...].»[clix]

Así, por ejemplo, se sabe que los agentes y analistas de la Agencia de Seguridad Nacional (NSA, según sus siglas en inglés) y de la Agencia Central de Inteligencia (CIA, por sus siglas en inglés), al igual que muchos agentes del FBI que trabajan en divisiones de inteligencia doméstica, «son conocidos por su costumbre de [...] vulnerar las leyes y las normativas.»[clxi] *Voy a explicar esto con más calma.*

Varias decisiones de la Corte de Vigilancia de Inteligencia Extranjera de los Estados Unidos de América mencionan que una agencia de inteligencia que intercepte, almacene y analice comunicaciones electrónicas, como la Agencia de Seguridad Nacional (NSA, según sus siglas en inglés), no puede obtener una orden judicial para realizar una investigación relacionada con una dirección IP (de una computadora) a menos que tenga motivos fundados para creer *que el habitante de EUA que tenga el control de lo mencionado* tenga conexiones terroristas en el extranjero y/o localmente.[clxii]

Tampoco se puede olvidar que el derecho estadounidense (el federal), que todo parece indicar que es de cumplimiento opcional para algunas agencias de inteligencia, también establece que los agentes de inteligencia extranjera, en aras de poder obtener una orden judicial para específicamente interceptar las comunicaciones telefónicas de un habitante de EUA, deben «presentar una sospecha razonable y articulada de que el número telefónico investigado *está asociado a una organización terrorista.*»[clxiii]

Sin embargo, se sabe que analistas y agentes de la Agencia de Seguridad Nacional (NSA, según sus siglas en inglés), sin tener sospechas de actividades terroristas –y en muchísimas ocasiones sin haber obtenido órdenes judiciales–, se pasan interceptando, almacenando y analizando: (1) los correos electrónicos de los empleados de las instituciones financieras;[clxiv](2) las comunicaciones electrónicas y telefónicas de los *«activistas políticos» y domésticos;*[clxv] y (3) las comunicaciones telefónicas y electrónicas de los líderes de «los movimientos sociales.»[clxvi]

Y no se puede olvidar que los analistas de la Agencia de Seguridad Nacional (NSA, según sus siglas en inglés), sin haber obtenido órdenes judiciales de la Corte de Vigilancia de Inteligencia Extranjera de los Estados Unidos de América, se pasan analizando y almacenando las informaciones que están plasmadas en los expedientes médicos y electrónicos de los habitantes de EUA.[clxvii]

Dicho eso, ahora usted debe recordar que indiqué líneas arriba que los analistas y agentes de las agencias de inteligencia (como la NSA) y asesinato (como la CIA) se pasan mintiendo con el fin de obtener órdenes judiciales. Pues bien, sobre ese bochornoso asunto tengo que decir que la inmensa mayoría de los jueces federales de EUA son, para preocupación de los abogados jóvenes, viejos, anticuados y, sobre todo, partidarios del amiguismo, *del partidismo* y de la inversión política.

Por eso es que la inmensa mayoría de ellos, que no tienen preparación académica en asuntos relacionados con la informática, no tienen los conocimientos tecnológicos para tomar decisiones adecuadas y realistas que estén relacionadas con los programas de espionaje electrónico.

De hecho, hay innumerables fuentes de información que demuestran que la mayoría de los mencionados jueces: (1) no entienden «la tecnología del programa» de espionaje electrónico; y (2) no cuentan con la «experiencia indispensable» para comprender, cabalmente, la tecnología relacionada con el espionaje electrónico.[clxviii]

Por eso es que los agentes y analistas de la Agencia Central de Inteligencia *(CIA, por sus siglas en inglés)* y de la Agencia de Seguridad Nacional de EUA *(NSA, según sus siglas en inglés)*, aprovechando la ignorancia de los jueces federales, mienten descarada y «sistemáticamente» cuando, con el fin de obtener órdenes judiciales relacionadas con los programas de espionaje electrónico y telefónico, se personan a la Corte de Vigilancia de Inteligencia Extranjera de los Estados Unidos de América.[clxix]

A eso se añade que los analistas y agentes de las agencias de inteligencia, especialmente los que trabajan para la Agencia Central de Inteligencia (CIA, por sus siglas en inglés) y la Agencia de Seguridad Nacional de EUA (NSA, según sus siglas en inglés), han notado que los arcaicos jueces de la *Corte de Vigilancia de Inteligencia Extranjera de EUA* no tienen las herramientas ni los conocimientos necesarios para verificar si los parámetros establecidos en sus decisiones se están cumpliendo.

¿Sabe qué ocurre con eso? Que los agentes de inteligencia, cuando se personan a la mencionada Corte con el fin de informar sobre las acciones realizadas bajo las guías de las órdenes judiciales expedidas, se pasan mintiéndoles a los jueces. Así, por ejemplo, los agentes les dicen a los jueces que han seguido "al pie de la letra" los parámetros establecidos en las órdenes judiciales a pesar de saber que, en realidad, han realizado acciones distintas.

De ahí, estimado lector, se desprende otro preocupante asunto. Los mencionados agentes, luego de obtener las órdenes judiciales, se pasan por sus hediondas nalgas los parámetros legales emitidos por los togados de la *Corte de Vigilancia de Inteligencia Extranjera de EUA.*[clxx]

Habiendo explicado eso, ahora tengo que decir que las protecciones constitucionales y estatutarias que tienen los ciudadanos de los Estados Unidos de América no aplican en el extranjero. De hecho, recuerdo que la **Corte Suprema de los Estados Unidos de América** «resolvió que el Gobierno puede usar en los tribunales evidencia recopilada en violación de las garantías constitucionales si la obtuvieron fuera del territorio nacional.»[clxxi]

¿Sabe qué significa lo mencionado en la práctica? Que los tentáculos y los perversos deseos del «Big Brother estadounidense» no tienen límites en el extranjero. Así, por ejemplo, las agencias de inteligencia de EUA pueden, entre otras acciones: (1) interceptar, almacenar y analizar todas las comunicaciones electrónicas y telefónicas de un estadounidense que esté en la Unión Europea; (2) colocar un dispositivo de rastreo electrónico dentro del maletín de un estadounidense que esté en la República de Colombia; y (3) grabar todas las comunicaciones verbales (de persona a persona) de un estadounidense que esté en la República Federal de Somalia.

Pero esto, adorado leedor, se torna más kafkiano. Digo eso ya que, según una opinión jurídica del Departamento de Justicia de los Estados Unidos de América, el presidente de los Estados Unidos de América, tanto en tiempos de guerra como en tiempos de emergencia nacional por *actos terroristas,* tiene la facultad legal para interceptar sin ningún tipo de restricción judicial todas las comunicaciones telefónicas, electrónicas y personales de los ciudadanos de EUA.[clxxii]

Por eso es que, por ejemplo, si ocurre un acto terrorista de grandes proporciones en EUA el presidente, sin necesidad de órdenes judiciales, puede ordenar *telefónica, verbal y/o electrónicamente* la interceptación todas las comunicaciones: (1) que entren y salgan de los Estados Unidos de América; y (2) que ocurran dentro de EUA y entre habitantes de EUA.

En fin, el punto central de lo antes manifestado es que el presidente de los Estados Unidos de América, en caso de un ataque terrorista de grandes proporciones y caso de una declaración oficial de guerra, automáticamente adquiere una enorme gama de poderes fascistas que permiten el pisoteo de libertades y derechos.

II. Corte de Vigilancia de Inteligencia Extranjera

Por otro lado, debe haber notado que en varias ocasiones he mencionado al Tribunal de Vigilancia de Inteligencia Extranjera de los Estados Unidos de América (FISC, por sus siglas en inglés). Pues bien, no está de más que señale que la ley habilitadora de dicho tribunal está basada en postulados fascistas. Digo eso ya que ese secreto tribunal, que tiene la facultad legal para evitar la publicación de sus decisiones y para evitar la presencia del público durante las audiencias, es un sello de goma de las agencias de inteligencia.

Su principal función es darle legitimidad, por medio de un fascista y poco creíble sello judicial, a los múltiples e interminables pedidos de espionaje que hacen las agencias de inteligencia de EUA con el fin de vigilar (las comunicaciones) y/o registrar (los bienes muebles e inmuebles) a los «extranjeros» y «ciudadanos estadounidenses sospechosos de terrorismo o espionaje.»[clxxiii]

No está de más saber: (1) que dicho tribunal federal fue creado y autorizado mediante la Ley de Vigilancia de la Inteligencia Extranjera del 25 de octubre de 1978; y (2) que los jueces federales del Tribunal de Vigilancia de Inteligencia Extranjera de Estados Unidos son seleccionados y nombrados por *el Presidente* de la Corte Suprema de los Estados Unidos.[clxxiv]

Explicado eso, debe haber notado que indiqué que el Tribunal de Vigilancia de Inteligencia Extranjera de los Estados Unidos de América (FISC, por sus siglas en inglés), para bochorno de los abogados y profesores de Derecho que laboran en el mencionado país, no es más que un «montaje» y «un sello de goma de las agencias de seguridad nacional de Estados Unidos.»[clxxv]

Pues bien, indiqué eso ya que los *jueces federales* que laboran en dicho tribunal, históricamente, son unos fuleros que permiten que las agencias de inteligencia hagan lo que les dé la gana. Han sido pocos los casos en los que los jueces de dicho tribunal, que en vez de ser llamados jueces deberían ser llamados supervisores de espionaje, han tenido

Usted no tiene privacidad

«los cojones» para rechazar los pedidos de los agentes de inteligencia.[clxxvi]

También sostengo lo anterior, *particularmente el asunto del montaje jurídico,* ya que las agencias de inteligencia de EUA, como he mencionado en múltiples ocasiones, no necesitan obtener órdenes judiciales para ver y almacenar: (1) los correos electrónicos de los ciudadanos; (2) los historiales de las búsquedas en la Internet; y (3) las palabras clave que han escrito los usuarios en los buscadores de información (como Google y Yahoo) de Internet.[clxxvii]

En resumen, puedo decir que los jueces de dicho innecesario y fascista tribunal tienen, entre otras dudosas funciones: (1) la misión de facilitar la violación de la Cuarta Enmienda a la Constitución de los Estados Unidos de América; y (2) la misión de hacerle creer al ignorante, adicto y violento pueblo estadounidenses que hay unos jueces que no permitirán la violación de *la mencionada enmienda constitucional* por parte de las agencias de inteligencia.

También puedo decir que los jueces federales de dicho tribunal son contratados para que, poco a poco, permitan que la comunidad de inteligencia de EUA alcance su principal objetivo. ¿Y cuál es dicho objetivo? «El objetivo es la vigilancia a toda la población, quitar el derecho de privacidad a toda la población con el pretexto de la protección de la seguridad nacional.»[clxxviii]

III. Proceso criminal y privacidad

Por otro lado, ahora voy a hablar sobre otras instancias en las que, por medio del Derecho y en nombre de la seguridad nacional, el derecho a la privacidad ha terminado seriamente fastidiado.

A. Investigaciones de pesca

Comienzo diciendo, utópicamente hablando, que en todo país en donde se respete la libertad, el ciudadano respetuoso de la ley tiene el derecho a saber: (1) quién le investiga oficialmente; (2) quién le está espiando; (3) para qué se le investiga; y (4) las razones por las cuales se le investiga electrónicamente.[clxxix] Además, en un país en donde la libertad y los derechos humanos son asuntos importantes las agencias de ley y orden no hacen investigaciones de pesca, ni tienen la facultad legal para realizarlas, *en contra de ciudadanos respetuosos de la ley*.

Pues bien, creo que usted notó que mencioné que estaba hablando de forma utópica. Expresé eso ya que, en esta era de neofascismo con derecho a voto, las agencias de ley y orden de todos los países hacen investigaciones de pesca sobre ciudadanos respetuosos de la ley. Sobre la definición de investigación de pesca, puedo decir que ese tipo de investigación es algo así como una *auditoría gubernamental* sobre la vida de una persona pacífica.

En casos como esos uno puede ver que los agentes, *sin tener motivos fundados* y sin informarle al investigado: (1) interceptan algunas comunicaciones del investigado; (2) establecen planes de vigilancia sobre el investigado; (3) revisan las búsquedas que ha realizado el investigado en la red de Internet; e (4) investigan quiénes son los amigos del investigado. Y en los casos más extremos uno puede ver que los agentes investigan y entrevistan, entre otras personas, a los amigos y familiares de los investigados.

Tampoco se puede pasar por alto que en todos los países, aunque existan leyes, reglamentos y decisiones judiciales que mencionen las palabras justicia, decencia y *debido proceso de ley*, se realizan investigaciones de pesca de índole revanchista.

Sobre ese tipo de investigaciones, que siempre participan agentes del tesoro, puedo decir: (1) que se ejecutan por *instrucciones de supervisores;* (2) que se ejecutan en contra de personas específicas por haber realizado actos que disgustaron a personas importantes dentro del Gobierno y/o de la empresa privada; y (3) que muchas de ellas se realizan en contra de «activistas políticos.»clxxx

Habiendo discutido eso, lamento tener que decirle que si usted vive en los Estados Unidos de América, en donde los sobornos y los actos deshonestos son parte del mundo corporativo, usted puede ser objeto de una investigación de pesca en cualquier momento. Y si usted, actualmente, ha hecho expresiones públicas, escandalosas y fundamentadas en contra del *«Gobierno Federal y Neofascista de EUA»*, es altamente probable que usted esté siendo investigado por medio de una «investigación de pesca-revanchista.»

Un buen ejemplo sobre eso está relacionado con el Buró Federal de Investigación (FBI, según sus siglas en inglés). Digo eso ya que esa agencia de ley y orden, que está a favor del neofascismo, se pasa abriendo investigaciones de pesca en contra de periodistas, investigadores y activistas que critican: (1) al fascista Gobierno Federal de los Estados Unidos de América; y (2) a las corporaciones más poderosas del mencionado país.

También se sabe, gracias a una investigación realizada por investigadores y abogados de la *Unión Estadounidense por las Libertades Civiles* (ACLU, por sus siglas en inglés), que en el FBI hay una política de abrir investigaciones de pesca en contra de personas que, de notables y ruidosas formas, hayan ejercido su derecho a la libertad de expresión.[clxxxi]

B. Sospechosos de delito

1. Registro de sospechosos

Por otro lado, ahora voy a hablar: (1) sobre el derecho penal; y (2) sobre la privacidad durante la investigación y el procesamiento criminal. Lo primero que tengo que decir es que el derecho penal, especialmente en los Estados Unidos de América, se está peligrosamente acercando «al de un Estado totalitario.»[clxxxii] Lo segundo que tengo que decir es que la peligrosa evolución totalitaria del derecho penal ha provocado que *los cuerpos policiales,* en detrimento de las libertades humanas, estén adquiriendo poderes que se acercan al fascismo.

Lo mejor que demuestra eso, en el caso de los Estados Unidos de América, es el hecho de que «la imagen del policía amable que conocía a cada vecino del barrio ha quedado desplazada (...) por la de agentes armados con rifles, transportados en vehículos blindados e *impregnados de una mentalidad de guerra* que es difícil borrar.»[clxxxiii]

En otras palabras, la mayoría de los cuerpos policiales en los Estados Unidos de América, en detrimento de las doctrinas relacionadas con el policía comunitario: (1) se han militarizado; y (2) han sido severamente embrutecidos para que crean que los derechos y las libertades humanas son impedimentos a la hora de combatir la criminalidad callejera.[clxxxiv]

Lo *segundo* que demuestra que lo mencionado es cierto, está relacionado con los registros incidentales a los arrestos. Digo eso ya que los cuerpos policiales han adquirido el poder para encerrar, en sus pequeñas celdas policiales, a las personas que hayan cometido delitos menores. A eso se suma que también han adquirido el poder para registrar, minuciosamente, a las mencionadas personas.

Debe tener en cuenta, por si acaso le ocurre a usted, que cuando digo registrar minuciosamente a una persona que haya cometido un delito menor eso incluye: (1) desnudar a la persona; y (2) pedirle a la persona arrestada –que, según los viejos y polvorientos libros de Derecho, tiene presunción de inocencia– «que se ponga en cuclillas y tosa para mirar» dentro de «todos los orificios del cuerpo.»[clxxxv]

Cabe señalar que el mencionado poder policial, en el caso de los Estados Unidos de América, emana de la **Corte Suprema de los Estados Unidos de América**. Digo eso ya que los jueces de ese poderoso tribunal determinaron que «las personas detenidas por cualquier tipo de delito, incluso menores, pueden ser registradas desnudas y de forma invasiva a su intimidad antes de que se les coloque tras las rejas.»[clxxxvi]

Sobre lo manifestado, creo que la decisión de los jueces del mencionado tribunal es desacertada. Creo que una persona que haya cometido un delito menor, como es el conducir un vehículo de motor sin seguro, no merece ser registrada de la mencionada y humillante manera.

Más todavía cuando las *doctrinas jurídicas* indican que los agentes del orden público, con contadas excepciones, no deben estar arrestando a personas que hayan cometido delitos menores. En esos casos, se recomienda que los agentes emitan citaciones en contra de los sospechosos de delitos menores con el fin de que comparezcan a los tribunales en fechas posteriores.

Ahora bien, sí estoy de acuerdo con que los *agentes del orden público*, incluso en casos relacionados con delitos menores, registren superficialmente a los sospechosos. Ese tipo de registro, que busca proteger la vida y la seguridad de los agentes, es altamente justificable y necesario.

2. Detenciones nazistas y fascistas

Por otro lado, tengo que decir que el tema bajo discusión se torna extremadamente fascista. Digo eso ya que muchos países, en nombre de la seguridad nacional, han aprobado las detenciones investigativas e indefinidas en contra de ciertos ciudadanos. Y lo más preocupante es que las mencionadas detenciones se están ejecutando en países en donde los políticos y demagogos se pasan diciendo, hipócritamente, que adoran la libertad y el debido proceso de ley.

Así, por ejemplo, si vamos al Reino Unido veremos que los agentes del orden público, amparándose en leyes que hablan sobre el terrorismo, se pasan deteniendo y registrando «a personas que no son sospechosas de haber cometido ningún crimen...».[clxxxvii]

A eso se suma que las autoridades del Reino Unido, copiando algunas de las tácticas que utilizaban los nazis de Adolfo Hitler, se pasan confiscándoles y destruyéndoles los bienes muebles (entre ellos computadoras y discos duros) a las personas que no están involucradas en actividades delictivas. Y lo más preocupante es que están utilizando las mencionadas tácticas nazistas en contra de disidentes, críticos, periodistas, líderes de movimientos sociales y, más asquerosamente, en contra de las parejas íntimas de las mencionadas personas.[clxxxviii]

Si vamos a Norteamérica veremos que el *Gobierno Federal de los Estados Unidos de América*, luego de aprobar varias leyes parecidas a las que se aprobaron en la Italia fascista, tiene la facultad legal «para mantener prisionero de forma indefinida a un ciudadano estadounidense arrestado en suelo estadounidense (...), a base de la declaración del ejecutivo de que al momento de su arresto era un enemigo combatiente...».[clxxxix]

A eso se suma que el Dr. Barack Obama (Presidente de los Estados Unidos de América), que debería entregar su premio Nobel de la Paz, firmó –en 2011– una peligrosa ley federal. Según dicha ley, que se parece a varias leyes que había aprobado ese afamado y asesino dictador llamado Augusto Pinochet, los militares estadounidenses, bajo escuetos señalamiento de terrorismo, tienen la facultad legal para arrestar y encarcelar de forma indefinida a cualquier persona: (1) que se encuentre dentro de los Estados Unidos de América; y (2) que se encuentre en el extranjero.[cxc]

Explicado eso, imagino que algunas personas podrían estar confundidas con lo que he explicado en los últimos dos párrafos. Para beneficio de esas personas, menciono que esa nueva *ley federal y neofascista* no requiere que el presidente de EUA diga que el detenido es un combatiente enemigo. En este caso, estamos hablando de militares cacheando y arrestando personas «en cualquier lugar y bajo la única condición de que sean sospechosas de terrorismo, sin permitir que se defiendan. No hay limitaciones geográficas para ese poder.»[cxci]

Cerrada la explicación, usted debe saber que lo que he estado mencionando me ha hecho recordar a un ciudadano estadounidense llamado José Padilla. *¿Sabe por qué?* Ya que el señor Padilla, luego de haber sido encarcelado sin orden judicial durante un mes: (1) fue fascistamente declarado «combatiente enemigo»; (2) fue encerrado –sin habérsele celebrado un juicio– por «tres años y medio» en una pequeña y solitaria celda de una prisión militar; y (3) estuvo «gran parte del tiempo sin acceso a sus abogados.»[cxcii]

Otra acción nazista que está ocurriendo en países que engañosamente dicen que garantizan la libertad y la vida democrática, es la utilización de la tortura y la incomunicación: (1) para obtener informaciones; y (2) para pisotear el derecho a la privacidad. Un buen ejemplo sobre eso proviene desde los Estados Unidos de América. Digo eso ya que el mencionado José Padilla, a pesar de ser ciudadano estadounidense, fue –en nombre de la libertad y la democracia– torturado y humillado por agentes federales y militares durante los múltiples interrogatorios a los que fue sometido.[cxciii]

A eso se suma que el encarcelamiento preventivo de Padilla, a lo que esperaba su viciado juicio, fue una larga tortura pagada con fondos públicos. Digo eso ya que don José, mientras los profesores de Derecho hablaban sobre las bondades de la obsoleta *Constitución de los Estados Unidos de América,* «pasó más de tres años en una instalación militar en una celda de dos metros por tres, sin acceso a teléfonos, sin visitas familiares y sin luz natural.»[cxciv]

C. Acusados y convictos

Sobre las personas que, meramente, han sido acusadas de cometer delitos graves, tengo que decir que todo parece indicar que han perdido su presunción de inocencia y, sobre todo, su derecho a la privacidad. Digo eso ya que las mencionadas personas, por el simple hecho de ser acusadas, se exponen a un sinnúmero de procesos que laceran el mencionado derecho. Así, por ejemplo, se sabe que una persona que haya sido acusada de cometer un delito grave tiene la obligación de permitir que los agentes del orden público: (a) tomen muestras de sus huellas dactilares; (b) tomen fotografías de su rostro; y (c) tomen fotografías de su tatuaje.

Y esto se torna en un asunto más perturbador y orwelliano cuando se sabe que los agentes del orden público que trabajan en EUA, gracias a una desacertada decisión emitida por los *ricos y poderosos* jueces de la Corte Suprema de los Estados Unidos de América, pueden extraerles muestras de ácido desoxirribonucleico «a personas detenidas por delitos graves sin necesidad de una autorización judicial previa...».[cxcv]

Para mí, todo lo antes mencionado es algo bastante abusivo. Ya que todavía no ha recaído una sentencia final y firme. En otras palabras, yo entiendo que las mencionadas acciones policiales deben realizarse una vez el juzgador de los hechos haya determinado, más allá de duda razonable y por medio de *un debido proceso judicial,* que el acusado es culpable de haber cometido el delito imputado.

Por eso creo, a diferencia de lo anterior, que el proceso de toma de ácido desoxirribonucleico, «huellas digitales y fotografías de confinados no invade el derecho a la intimidad.»[cxcvi] ¿Y por qué no invade el derecho a la intimidad? Ya que los confinados son personas que, luego de la celebración de los juicios, están bajo la custodia del Estado. Y el Estado tiene todo el derecho de realizar lo anterior con el fin: (a) de esclarecer delitos que se cometan en las instituciones penales; (b) de crear archivos relacionados con convictos; y (c) de averiguar si los presos son personas de interés en otros casos criminales.

De igual manera, entiendo que no es una violación al derecho a la privacidad la acción de registrar, sin obtener una orden judicial, «la celda de un confinado como parte de las medidas cautelares necesarias para preservar el orden en la institución penal...».[cxcvii]

Por último, tengo que aprovechar esta oportunidad para decir que todas las agencias de ley y orden de los EUA deben tomarles muestras de ácido desoxirribonucleico: (a) a todos los agentes del orden público; y (b) a todas las personas que soliciten empleo en una agencia de ley y orden.

Brindo esa recomendación, en primer lugar, ya que las muestras de ácido desoxirribonucleico que se les tomen a las mencionadas personas, al igual que se hace con sus huellas dactilares, «se pueden usar para comparar con evidencia levantada en otras investigaciones.»cxcviii Y eso, indudablemente, es adecuado para *identificar y procesar criminalmente* a los agentes y aspirantes a empleo policial que, en violación al Derecho, cometan o hayan cometido actos delictivos graves.

Capítulo cuatro
La era del «Big Brother»

I. El todopoderoso «Big Brother»

A. Introducción

Es triste tener que mencionar que la Carta de Derechos de la Constitución de los Estados Unidos de América, debido a las innumerables excepciones, ha muerto. También es triste tener que reconocer que *Estados Unidos de América y Reino Unido*, por más que se quiera ocultar por medio de campañas propagandísticas bien elaboradas, se han convertido en países neofascistas con derecho al voto.

Ahora bien, con un derecho al voto para elegir a unos plutócratas que favorecen: (1) la partidocracia; (2) el dominio empresarial; (3) un descontrolado capitalismo; (4) la restricción de las libertades humanas; (5) el amiguismo entre los miembros de las clases ricas y privilegiadas; (6) que el Gobierno esté en manos de ricos y privilegiados; y (7) que los pobres sean dominados por los ricos.

Pero esto, querido lector, se torna en un asunto más terrible. Digo eso ya que, en primer lugar, los tribunales de EUA ya no tienen el poder para obligar a las agencias de inteligencia de los Estados Unidos de América. Para corroborar lo dicho voy a tomar, nuevamente, al Tribunal de Vigilancia de Inteligencia Extranjera de los Estados Unidos de América (FISC, por sus siglas en inglés).

El derecho estadounidense, como observó antes, establece que las *agencias de inteligencia extranjera* no pueden interceptar las comunicaciones electrónicas, telefónicas y personales de los habitantes de EUA «a menos que» el Tribunal de Vigilancia de Inteligencia Extranjera de los Estados Unidos de América (FISC, por sus siglas en inglés) «dé su visto bueno.»[cxcix]

Sin embargo, sabemos que las mencionadas agencias de inteligencia interceptan, almacenan y analizan las comunicaciones de los habitantes de EUA: (1) con y sin órdenes judiciales; y (2) *sin tener motivos fundados* para creer que los investigados estén envueltos en actividades criminales.

También digo que la discusión se torna en un asunto terrible ya que el Gobierno Federal de los Estados Unidos de América, para bochorno de los patrioteros, está lleno de unos partidarios del neofascismo que han permitido que la Constitución de los Estados Unidos de América no aplique en casos relacionados con la seguridad nacional.cc

Y eso, querido habitante de EUA, es un asunto preocupante y peligroso. ¿Sabe por qué? Porque, como dice el juez Juan R. Torruella —*de la Corte de Apelaciones del Primer Circuito de Estados Unidos de América*—, «un país en el que el Gobierno puede hacer cualquier cosa en nombre de la seguridad nacional terminará con un gobierno sin ley, sin fiscalización ni balance.»cci

En fin, usted tiene que entender que en los Estados Unidos de América, al igual que en otros países en donde *los políticos* y funcionarios públicos se pasan diciendo que se respetan las libertades humanas, hay una imparable e irreversible «tendencia a limitar las libertades civiles» en nombre de la seguridad nacional.ccii

B. El «Big Brother» aplastó a la prensa

Es lamentable tener que reconocer que «vivimos en una sociedad orwelliana en la que se reproducen actitudes represivas por todas partes.»cciii Y cuando digo por todas partes, eso incluye dentro de las oficinas de los medios noticiosos. Digo eso ya que el «Big Brother», por medio de sus poderosas y represivas garras, tiene *los recursos tecnológicos y los permisos gubernamentales* para darle duros golpes a la libertad de prensa.

Y los mencionados duros golpes incluyen: (1) poder destruir las computadoras de los reporteros; (2) destruir los discos duros de los medios noticiosos; (3) ordenar la destrucción de ciertos archivos noticiosos; (4) prohibir la publicación de ciertas informaciones; (5) prohibir –en revistas, periódicos y libros– la publicación de ciertas fotografías; y (6) encarcelar a los periodistas que –cumpliendo con sus juramentos– se nieguen a revelar los nombres y ubicaciones de sus fuentes de información.

Un buen ejemplo sobre las poderosas garras del «Big Brother» proviene desde EUA. Allí, en 2013, un reportero: (1) logró conseguir –*por medio de sus fuentes confidenciales*– informaciones relevantes sobre un doble asesinato que ocurrió en el estado de Illinois; y (2) publicó varios reportajes sobre el mencionado incidente.

¿Sabe qué ocurrió? Que un juez, actuando según le fuera pedido por el «Big Brother»: (1) dijo que los reporteros –*aunque las informaciones publicadas fuesen verídicas*– no tienen el privilegio de mantener en secreto a sus fuentes de información; y (2) le dijo al reportero –*so pena de desacato*– que tenía que revelar los nombres de sus fuentes periodísticas.

También debe saber que el mencionado juez, utilizando tácticas típicas de las dictaduras, le impuso al reportero: (a) una multa de mil dólares por no querer revelar quiénes eran *sus fuentes de información;* y (b) una multa de trecientos dólares por cada día en que –el valiente reportero– se negara a revelar los nombres de *sus fuentes de información.*[civ]

Otro ejemplo sobre lo que estoy discutiendo proviene desde el Reino Unido. Allí, en 2013, agentes de inteligencia se personaron a las oficinas del periódico El Guardián y, en nombre de los poderes del «Big Brother», les ordenaron a los dueños y supervisores del mencionado periódico a destruir todos los archivos –*electrónicos y en papel* – que estuvieran relacionados con los programas de espionaje gubernamental que se han implementado para vigilar, sin órdenes judiciales, a los miembros pacíficos y ejemplares de la sociedad civil.ᶜᶜᵛ

A eso se añade que los mencionados agentes fueron a la sede del mencionado periódico, durante otro día, con el fin de hacer cumplir los deseos del «Big Brother.» Es decir, «acudieron a la sede del periódico en Londres para supervisar la destrucción de discos duros y la pulverización de computadoras portátiles.»ᶜᶜᵛⁱ

Por otro lado, es necesario mencionar que el «Big Brother» no desea que los ciudadanos estén bien informados sobre las tácticas que utiliza para espiar a los ciudadanos. Y para hacer eso ha creado un sinnúmero de leyes, reglamentos, órdenes ejecutivas y decisiones judiciales con el fin: (1) de mantener lejos del lente del ojo público sus programas de espionaje sobre la sociedad civil; y (2) de dificultar el examen de los documentos públicos.

Y lo más preocupante, espiado lector, es que el «Big Brother» y sus acólitos hacen lo anterior aunque existan clausulas constitucionales y tratados filosóficos (escritos por grandes iluminarias) que hablen sobre permitir el examen minucioso: (1) de las actuaciones gubernamentales; y (2) de los documentos gubernamentales.

Tomemos como ejemplo lo que ocurre en los Estados Unidos de América. En esa república neofascista, en donde los dos principales partidos políticos y las altas esferas gubernamentales *(las locales, las estatales y la federal)* son propiedades de los capitalistas más ricos, el derecho constitucional establece que el ciudadano común tiene la facultad legal: (a) para examinar todo tipo de *documento público* que se archive en edificios gubernamentales; y (b) para «examinar e investigar cómo se conducen sus asuntos, sujetos sólo a aquellas limitaciones que impone la más urgente necesidad pública.»ccvii

Sin embargo, las excepciones a dichos derechos son tan amplias que, prácticamente, dichos derechos han desaparecido cuando se trata de *asuntos de gran interés público.* Así, por ejemplo, si un ciudadano común, decente y respetuoso de la ley se persona a la oficina central de la Agencia de Seguridad Nacional de EUA (NSA, según sus siglas en inglés) con el fin de observar y analizar los documentos públicos que están relacionados con los programas de espionaje electrónico sobre la sociedad civil, los directores y supervisores de dicha poderosa agencia de inteligencia se ampararán en un sinnúmero de normativas jurídicas para impedir el mencionado examen.

Otro buen ejemplo proviene desde los viejos pasillos de la Corte Suprema de EUA. Digo eso ya que los jueces de ese viejo tribunal, que tienen que ser secretamente aprobados por la élite comercial *antes de ser nombrados y confirmados,* han determinado que una persona, aunque sea ciudadana de los Estados Unidos de América, no puede solicitarle al gobierno de un estado que le entregue información gubernamental, aunque esté relacionada con los programas de espionaje doméstico, a menos que resida en dicho estado.[ccviii]

También es triste reconocer que en casi todos los países, en donde la sociedad civil le ha delegado a la prensa la función de investigar y fiscalizar las acciones de los Gobiernos y de los partidos políticos, el «Big Brother» ha creado un sinnúmero de excepciones para convertir la libertad de prensa en una fantasía. Así, por ejemplo, en la mayoría de los países, incluyendo en el Reino Unido, los secretos de Estado –y recuerde que cada año es más fácil catalogar un documento como secreto de Estado– son más importantes que el derecho de la ciudadanía a estar informada.

Y eso llega al punto que, peligrosamente, los periodistas investigativos, sin haber cometido delitos al obtener informaciones veraces por parte de fuentes gubernamentales y confiables, se exponen a ser encarcelados y/o multados por publicar *informaciones gubernamentales* catalogadas, por el «Big Brother», como secretas.

No está de más recordar que las mencionadas acciones del «Big Brother», intimidar a los periodistas investigativos y pisotear –por medio de innumerables y absurdas excepciones legales que permiten mantener en secreto las informaciones gubernamentales más relevantes– el derecho de la ciudadanía a estar informada, son unas flagrantes violaciones a los derechos humanos.

Digo eso ya que los derechos humanos, además de garantizar la libertad de prensa y de establecer que los periodistas no pueden ser multados *ni encarcelados* por publicar informaciones confidenciales y veraces, dicen que «el interés de la opinión pública está por encima del interés del Estado.»[ccix]

Eso significa que en una sociedad libre los secretos de Estado deben ser mínimos y, sobre todo, que el ciudadano común tiene el derecho a saber cómo el Gobierno –máximamente si lo hace sin órdenes judiciales– le está vigilando.

Por eso se supone que, tanto en los Estados Unidos de América como en el Reino Unido y Canadá, todos los ciudadanos respetuosos de la ley, incluyendo los periodistas, tengan libre acceso a las *informaciones gubernamentales* que estén relacionadas con los programas de espionaje doméstico, electrónico y telefónico.

Cabe señalar que esa facultad de la estólida sociedad civil, además de emanar de los principios constitucionales y libertarios, emana del hecho de que el programa de espionaje electrónico «erosiona el contrato social alrededor de la red [de Internet], que prevalece gracias a valores como la libertad y la confianza que han hecho del entorno virtual un bien común digital.»[ccx]

C. El «Big Brother» electrónico

Es innegable que el «Big Brother» está sumamente feliz con los adelantos tecnológicos. Y esa felicidad es tan grande que, el «Big Brother» y los titanes del capitalismo: (1) celebran cada vez que sale al mercado un artefacto electrónico que esté relacionado con la red de Internet; y (2) desean que los miembros de la sociedad civil se contagien con la mencionada felicidad y terminen utilizando los nuevos artefactos electrónicos.

¿Y por qué el «Big Brother» y los titanes del capitalismo desean que las personas sean felices y utilicen los mencionados artefactos tecnológicos? Porque saben que dichos artefactos les permiten saber: (1) lo que hacen los ciudadanos en su privacidad; y (2) cómo piensan los ciudadanos.

Y sobre esto último, recuerde que innumerables estudios han certificado que los artefactos tecnológicos que están conectados a la red de Internet, al igual que los sistemas de posicionamiento global, se han convertido «en una extensión de nuestro propio cerebro.»[ccxi]

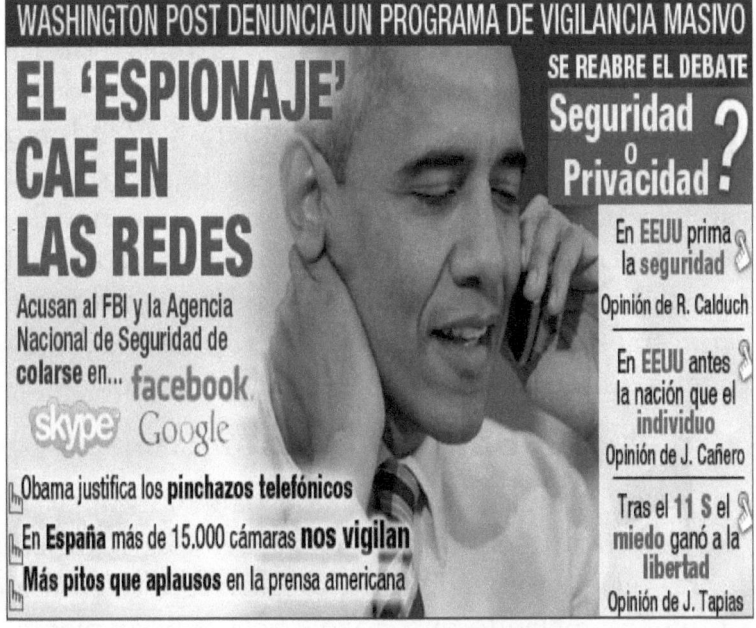

Además de eso, es indudable que el *«Big Brother» y los gigantes del capitalismo* están sumamente contentos por el hecho de que: (1) billones de personas se han convertido en dependientes de los artefactos tecnológicos que están relacionados con las computadoras y la red de Internet;[ccxii] y (2) las próximas generaciones serán dependientes de la mencionada tecnología.[ccxiii]

¿Y por qué el «Big Brother» y los titanes del capitalismo se contentan por lo anterior? Puesto que saben que «la dependencia cada vez mayor de los ciudadanos en la tecnología para organizar su vida y comunicarse entre sí les brinda (...) un medio muy eficaz para recopilar inteligencia sobre las actuaciones, modos de pensar y relaciones interpersonales» de los ciudadanos.[ccxiv]

Mencionado eso, imagino que muchas personas podrán preguntarse las razones por las cuales mencioné que los titanes del capitalismo: (1) son amigos íntimos del «Big Brother;» y (2) adoran las acciones del «Big Brother.» Dije eso ya que «el capitalismo, debido a su orientación al beneficio, peca de totalitarismo y pretende crear una sociedad mundial única y realizar sus propios intereses económicos.»[ccxv] Y los titanes del capitalismo, para hacer lo anterior, necesitan del «Big Brother.»

D. Sí al «Big Brother» electrónico

Por último, he dejado para el final la discusión sobre el punto de vista del «Big Brother» sobre el asunto de la vigilancia electrónica. Comienzo diciendo que la vigilancia gubernamental sobre las comunicaciones electrónicas y telefónicas de los ciudadanos es, luego de obtener las correspondientes *órdenes judiciales*, una acción legal y necesaria.

Sobre el asunto de la interceptación, análisis y almacenamiento de las comunicaciones electrónicas y telefónicas sin haber obtenido órdenes judiciales, tengo que decir que *en ciertas ocasiones* son necesarias y razonables.[ccxvi]

Digo eso ya que la sociedad civil, que adora utilizar los artefactos tecnológicos para realizar mierdas insignificantes, ha demostrado que utiliza los artefactos tecnológicos relacionados con la informática, la telefonía y la red de Internet para extender sus aberrantes comportamientos.

Así, por ejemplo, sabemos que en este pequeño y contaminado planeta hay millones de cabrones y cabronas que, en vez de leer uno de los miles de libros gratuitos que están disponibles en la red de Internet, se pasan cometiendo innumerables delitos electrónicos, tales como pornografía infantil, acoso cibernético, «fraude cibernético» y «secuestro de información.»[ccxvii] Y en el caso de la tecnología que está relacionada con los teléfonos, sabemos que los criminales organizados utilizan teléfonos móviles para realizar algunas de sus fechorías.

A eso se suma que el ser humano es, incuestionablemente, lo peor que ha creado la naturaleza. De hecho, no se puede negar que la historia, la filosofía, la psicología y la psiquiatría enseñan que la maldad, el egoísmo, la hipocresía y la capacidad de ocasionar daños y muertes son unos asuntos que, tristemente, no tienen límites cuando hablamos sobre el asqueroso e innecesario ser humano.

Y si tiene dudas sobre eso, busque uno de los libros de **Tomás Hobbes**. Al hacer eso encontrará, *específicamente en el Leviatán,* evidencia que demuestra que el ser humano «es un ser básicamente antisocial. [Ya que] su convivir dentro de la historia se resume en una larga y cruenta guerra de todos contra todos.»ccxviii

También puede buscar los escritos del **Dr. Arthur Schopenhauer,** uno de los filósofos más importantes de toda la historia. Al hacer eso podrá descubrir que el *doctor Schopenhauer* demostró, por medio de sus densos, extensos y fundamentados escritos: (1) que el ser humano es «una fiera salvaje y espantosa»;ccxix(2) que el ser humano es capaz «de cualquier maldad»;ccxx(3) que el ser humano «es en el fondo un animal terrible y cruel»;ccxxiy (4) que «el ser humano es un malvado depredador cuya necedad lo torna incapaz de seguir la luz de la razón, que podría aportarle alguna mejoría.»ccxxii

En fin, el punto central sobre esto es que la red de Internet, aunque no debe ser restringida, debe ser *meticulosamente vigilada* por ese poderoso Estado leviatán que tiene la capacidad para fastidiar a todas aquellas personas que utilicen la menciona red electrónica para cometer –o intentar cometer– actos patentemente peligrosos, destructivos y odiosos.

Por eso creo que los agentes del orden público, al igual que los agentes de inteligencia, no deben necesitar órdenes judiciales para penetrar clandestinamente, por medio de programas de espionaje informático, dentro de las computadoras

Usted no tiene privacidad

de todos esos odiosos que cometen actos de pornografía infantil.

También creo, en el caso de los EUA, que las agencias de inteligencia deben tener la facultad legal para interceptar, almacenar y analizar, sin necesidad de obtener órdenes judiciales, *todas las comunicaciones electrónicas y telefónicas de los políticos estadounidenses.*

Digo eso ya que la corrupción política, que incluye actos de soborno, amiguismo, partidismo e inversión política, se ha convertido en un asunto habitual y sistemático dentro de la política estadounidense. Y los ciudadanos tienen el interés apremiante de saber si sus políticos, que ganan enormes cantidades de dinero y que tienen el poder para fastidiar la economía por medio de estupideces y corrupciones, andan por buen camino.

También creo que las agencias de inteligencia de EUA, como la Agencia de Seguridad Nacional, deben tener la facultad legal para interceptar, almacenar y analizar, sin necesidad de obtener órdenes judiciales, las comunicaciones telefónicas y electrónicas de los agentes federales del orden público. De manera que los analistas de inteligencia puedan certificar si los mencionados agentes federales, con el correr del tiempo, no se han olvidado: (1) de sus juramentos; ni (2) de sus importantes deberes.

Usted no tiene privacidad

Capítulo cinco
Frases y pensamientos

I. Frases y pensamientos del autor

1.

Otro asunto que demuestra que el derecho a la privacidad se ha ido a la mierda, está relacionado con el hecho de que los ciudadanos de a pie también desean tener algunas de las facultades del «Big Brother.» Digo eso ya que uno puede ver, a través de la historia, que los ciudadanos han utilizado un sinnúmero de tácticas para escuchar y/o ver, secretamente, lo que hablan y/o realizan otros ciudadanos de a pie. Así, por ejemplo, son innumerables los casos en donde los ciudadanos de a pie han instalado cámaras y/o grabadoras de voz para poder hacer lo indicado. Y no olvide que son innumerables los casos en donde ciudadanos de a pie, han abierto pequeños agujeros en paredes para espiar secretamente a otras personas.

2.

La realidad, juicioso lector, es que los corruptos tienen las bridas del mundo. Todos los dueños de las grandes empresas, al igual que todos los políticos poderosos, son corruptos. Por eso se puede decir que, hoy en día, la corrupción es la que mueve y controla al mundo.

3.

La imbecilidad y la ignorancia, en los Estados Unidos de América, están causando tantos estragos que han llevado a cientos de miles de policías a pensar, entre otras incoherencias, que violando *derechos constitucionales* pueden disminuir la incidencia criminal.

4.

Actualmente, debido a la imparable expansión del neofascismo, los gobiernos de todos los países están utilizado el Derecho para pisotear el derecho a la privacidad.

5.

El Gobierno viola el derecho a la privacidad, al igual que el debido proceso de ley, cuando aprueba normativas administrativas que permiten que las conversaciones entre los confinados y sus respectivos abogados, cuando ocurren dentro de las *instituciones carcelarias*, sean grabadas en audio y/o en vídeo.

6.

Los estadounidenses son un chiste. Mientras los ciudadanos de a pie hablan sobre libertades, derechos y separación de poderes, se olvidan que los pocos privilegiados que trabajan en las agencias de inteligencia se mean de la risa al ver y/o escuchar, sin necesidad de obtener *órdenes judiciales,* todas las bellaquerías, necedades y mentiras que – los ciudadanos de a pie– manifiestan: (a) por medio de sus teléfonos; y (b) en la red de Internet.

7.

El procedimiento criminal, particularmente lo que está relacionado con el descubrimiento de prueba, tiene que ajustarse a los tiempos. Por eso creo que todo acusado de delito grave tiene el derecho a saber, por medio de un minucioso descubrimiento de prueba, si el Gobierno, particularmente las agencias de inteligencia, le ha espiado sin orden judicial por medio de uno de sus *múltiples y secretos* programas de espionaje telefónico y computarizado. Y eso, por supuesto, tiene que ser así aunque el caso por el cual se le esté juzgando (al acusado) no esté relacionado con asuntos que, usualmente, investigan las agencias de inteligencia.

8.

Los programas de espionaje gubernamental en contra de la sociedad civil, particularmente los telefónicos y computarizados que se realizan sin órdenes judiciales, son necesarios en países en donde: (1) la gente sea sumamente violenta; (2) la gente pueda comprar con facilidad armas de fuego ilegales; (3) los índices de criminalidad callejera sean elevados; (4) la corrupción *política y empresarial* sean enormes; (5) ocurran muchos casos de pornografía infantil; y (6) la corrupción policial sea elevada.

8(a).

Dentro de doscientos años, si es que la raza humana puede llegar, los historiadores escribirán que nosotros vivimos dentro de una era llamada la era de la corrupción y la trampa.

9.

Las facultades que tienen los primeros ejecutivos –presidentes, gobernadores y primeros ministros– para nombrar jueces, al igual que el poder que tienen los legisladores para confirmar a las mencionadas personas, son unas burlas al contrato social y, sobre todo, a la separación de poderes. En un país verdaderamente libre, en donde se respete la separación de poderes y la soberanía del pueblo, todos los magistrados son seleccionados mediante el voto populachero.

10.

Sabia es la persona que, desde muy temprano, descubre que el verdadero soberano es el Estado. Digo que esa persona es sabia ya que, desde tempranito, sabe: (a) que –*en aras de evitar ser investigada, fastidiada y perseguida*– no debe importunar a los «dioses humanos» que dirigen al Estado; y (b) que ni las constituciones ni las cartas de derechos pueden impedir que el Estado –*en especial la comunidad de inteligencia*– le espíe sin haber obtenido previamente una orden judicial.

11.

Usted, aunque viva en un país occidental, tiene que tener presente que la red de Internet es, por así decirlo, una vía pública. Eso significa que todo lo que usted realice en la red de Internet, al igual que todo lo que realice en una vía pública, puede ser *analizado y documentado* por las agencias de inteligencia sin necesidad de obtener una orden judicial.

12.

Si usted no ha protestado, públicamente, en contra de los programas de espionaje que han implementado los Gobiernos con el fin de *interceptar, analizar y almacenar (sin órdenes judiciales)* las comunicaciones telefónicas y electrónicas de los ciudadanos respetuosos del Derecho, temo decirle que' usted ha permitido –tácitamente– la implementación y utilización de tales programas.

Y si usted ha protestado, especialmente en demostraciones públicas, ruidosas y numerosas, lamento tener que decirle que ha perdido su valioso tiempo. Digo eso ya que los mencionados programas de espionaje doméstico, que cada año se tornan más invasivos y sofisticados, llegaron para quedarse. De hecho, ni usted, ni los jueces, ni los legisladores ni la madre que le parió pueden hacer algo significativo en contra de tales programas. Recuerde que la comunidad de inteligencia, también llamada el gobierno secreto, está por encima de la ley.

Por consiguiente, «no fastidie más» y acostúmbrese a ser espiado por las agencias de inteligencia. Además, dele gracias a las agencias de inteligencia de que pueden espiarle sin que usted vea y/o sufra algún tipo de inconveniente al utilizar su teléfono y/o su servicio de Internet.

12(a).

Nada mejor que escribir a mano para, entre otros beneficios, darle fluidez al pensamiento.

13.

Al analizar los comportamientos de los analistas y agentes de inteligencia que trabajan en los Estados Unidos de América, particularmente los de las personas que están encargadas de bregar con el programa de espionaje doméstico, electrónico y telefónico (y sin órdenes judiciales), uno puede concluir que dichas personas son unas viles traidoras que se comportan como las prostitutas. Digo eso ya que esas personas, a cambio de jugosos salarios, decidieron traicionar las palabras que están escritas en la *Constitución de los Estados Unidos de América* con el fin de complacer a sus jefes. Y lo más patético sobre lo que estoy diciendo es que las mencionadas personas, cuando eran menores de edad, veneraban las libertades y los límites que están escritos en la mencionada constitución.

En fin, por medio de los mencionados empleados vemos que la palabra prostitución tiene muchísimos significados. Recuerde que todos los analistas y agentes de las agencias de inteligencia han prostituido sus cerebros a cambio de dinero. A cambio de dinero, realmente de mucho dinero, dichas personas han decidido satisfacer los deseos de sus jefes.

Por eso es que los analistas y agentes de inteligencia de los Estados Unidos de América, en especial los que se dedican a espiar a los *estadounidenses pacíficos y ejemplares*, no se pueden mirar a un espejo mientras por sus mentes aparecen temas relacionados con libertad, derechos humanos y debido proceso de ley.

Ahora bien, no se puede ser muy ingenuo al analizar lo antes mencionado. La realidad es que, a pesar de lo antes dicho, a los analistas y agentes de inteligencia –*particularmente a los que se pasan espiando a la gente que no representa un peligro para la seguridad nacional*– no les resulta muy incómodo, debido a la enorme cantidad de dinero que reciben por concepto de sueldos y por el poderoso sentido de autorrealización que sienten al tener la dicha de trabajar para una agencia de inteligencia, realizar sus misiones secretas ni, mucho menos, prostituir sus cerebros con el fin de satisfacer los deseos del «Big Brother.»

14.

No hay lavadora de cerebro más poderosa que el dinero. A cambio de dinero, una agencia de inteligencia puede convertir a un defensor de las libertades humanas en un espía doméstico o en un analista de inteligencia dedicado a violentar las libertades humanas de las personas pacíficas y ejemplares.

15.

Casi todo el mundo sabe, en especial los jóvenes que viven en el primer mundo, que lo que se haga en la red de Internet es, por así decirlo, una extensión del pensamiento y, sobre todo, una pequeña muestra de la personalidad. Pues bien, creo que *las agencias de ley y orden* –que actualmente están utilizando polígrafos y máquinas para medir el estrés en la voz durante los procesos de reclutamiento– deben realizar investigaciones en la red de Internet a la hora de investigar a las personas que hayan solicitado empleo.

Como parte de esas investigaciones, los agentes investigadores deben arrojarles varios vistazos a las actividades que hayan realizado los candidatos en la red de Internet. Y eso incluye, por supuesto: (1) mirar dentro de los *correos electrónicos* de los candidatos; y (2) analizar las palabras de búsqueda que –a lo largo de sus vidas– hayan utilizado los candidatos en la red de Internet.

Para hacer lo antes mencionado, las agencias de ley y orden no tienen que gastar enormes sumas de dinero en artefactos tecnológicos. Lo que deben hacer es preparar varias hojas de autorización, con el fin de que el candidato permita que se haga lo anterior. Con esas hojas de autorización, al igual que con algún tipo de memorando de autorización y cooperación, la *Agencia de Seguridad Nacional* se encargaría de entregarle al agente investigador (de candidatos) un detallado análisis sobre todo lo antes mencionado.

Dicho eso, sé que algunas personas –*especialmente las que saben que en la red de Internet hay informaciones que les comprometen*– podrían preguntarse si lo mencionado se justifica. La contestación a dicha interrogante, según mi opinión, debe ser contestada en la afirmativa.

Recuerde que no estamos hablando sobre un empleo cualquiera; tampoco estamos hablando de un empleo de poca importancia. Estamos hablando de un candidato que, por razones desconocidas para el investigador, desea ser agente de ley y orden. Y en casos como esos es incuestionable que el pueblo, o mejor dicho la chusma, tiene el interés de que sus agentes de ley y orden: (1) estén física y *mentalmente capacitados*; y (2) sean personas idóneas.

Ahora bien, debo mencionar que mi recomendación va más allá. Y llega hasta el punto que, sin ningún tipo de vacilación, creo que los candidatos a fiscales, jueces y oficiales probatorios también deben estar sujetos a las mencionadas investigaciones electrónicas. Al hacerse eso, se podría tener un panorama más claro sobre la mentalidad y personalidad de los mencionados candidatos.

Por último, también creo que los resultados de dichas investigaciones electrónicas deben serles presentados a los psicólogos que laboran en los procesos de reclutamiento. De manera que esos expertos, utilizando metodologías científicamente validadas, puedan: (1) interpretar los resultados obtenidos; (2) presentar análisis detallados sobre la personalidad de cada candidato; y (3) presentar *recomendaciones profesionales* sobre si los candidatos deben o no deben ser contratados.

Referencias

[i]**Los Estados deben respetar el derecho a la privacidad: relator especial.** (2013). Nueva York, EEUU.: *Organización de las Naciones Unidas.* Información consultada el 28 de diciembre de 2013, de http://www.un.org/es/.

[ii]**Interrelación entre protección a la privacidad, protección de datos y habeas data.** (2012). Washington D.C.: *Organización de los Estados Americanos.* Información consultada el 23 de septiembre de 2013, de http://www.oas.org/. Lea, además: Neil M. Richards. (2013). **The Dangers of Surveillance.** Harvard University, EE.UU.: *Harvard Law Review.* Información consultada el 10 de julio de 2013, de http://www.harvardlawreview.org/.

[iii]**Interrelación entre protección a la privacidad, protección de datos y habeas data.** (2012). Washington D.C.: *Organización de los Estados Americanos.* Información consultada el 23 de septiembre de 2013, de http://www.oas.org/.

[iv]**Interrelación entre protección a la privacidad, protección de datos y habeas data.** (2012). Washington D.C.: *Organización de los Estados Americanos.* Información consultada el 23 de septiembre de 2013, de http://www.oas.org/.

[v]**Los Estados deben respetar el derecho a la privacidad: relator especial.** (2013). Nueva York, EEUU.: *Organización de las Naciones Unidas.* Información consultada el 28 de diciembre de 2013, de http://www.un.org/es/. Vea, además: **Indignación en EE.UU. por poderes que permiten al FBI vigilar los e-mails.** (2003). Argentina, Latinoamérica.: *El Archivo del Crimen.* Consultado el 28 de diciembre de 2003, de http://www.archivodelcrimen.com/.

[vi]**La poderosa herramienta de EE.UU. para vigilarlo todo en Internet.** (2013). Londres, Reino Unido.: *British Broadcasting Corporation (BBC).* Recuperado el 30 de diciembre de 2013, de http://news.bbc.co.uk/hi/spanish/news/.

[vii]María Elena Meneses. **Tenemos derecho a saber quién nos espía, cómo y para qué.** (2013). México, Latinoamérica.: *CNN México.* Información consultada el 27 de diciembre de 2013, de http://mexico.cnn.com/.

[viii]**Demuestran que los televisores inteligentes 'espían' a sus dueños en los hogares.** (2013). Moscú, Rusia.: *Russia Today (RT).* Información consultada el 12 de diciembre de 2013, de http://rt.com/. Vea, además: Erica Fink y Laurie Segall. (2013). **Smart TV, víctima de hackers.** Atlanta, Georgia.: *Cable News Network, Turner Broadcasting System.* Información consultada el 10 de diciembre de 2013, http://www.cnnexpansion.com/; Hannah Kuchler. (2013). **Connected devices that pose a threat to their users.** Reino Unido, Unión Europea.: *Financial Times Newspaper.* Información consultada el 30 de diciembre de 2013, http://www.ft.com/.

[ix]Exposición de Motivos de la **Ley de Puerto Rico Núm. 39 del año 2012.** Lea, además: Sonne, P. (2013). **Ya no existe la privacidad, dice el presidente de una de las mayores firmas de antivirus.** Nueva York, EE.UU.: *The Wall Street Journal.* Información consultada el 30 de diciembre de 2013, de http://online.wsj.com/public/page/espanol-inicio.html; **EE.UU.: el gran hermano de internet en el mundo.** (2011). Londres, Reino Unido.: *British Broadcasting Corporation (BBC).* Recuperado el 30 de diciembre de 2011, de http://news.bbc.co.uk/hi/spanish/news/.

[x]**El espionaje a Brasil beneficia a empresas de EE.UU.** (2013). Moscú, Rusia.: *Russia Today (RT).* Información consultada el 12 de diciembre de 2013, de http://rt.com/.

[xi]Luz, M. (2013). **Snowden afirma que la NSA tuvo acceso al correo electrónico de Felipe Calderón.** Madrid, España.: *El País.* Consultado el 30 de diciembre de 2013, de http://www.elpais.com/.

[xii]**NSA tomó millones de registros franceses.** (2013). Guaynabo, Puerto Rico.: *Primera Hora.* [Versión electrónica].

[xiii]Sandra D. Rodríguez Cotto. **Big brother is watching.** (2013). San Juan, Puerto Rico.: *El Vocero de Puerto Rico.* [Versión electrónica]. Lea, además: Neil M. Richards. (2013). **The**

Dangers of Surveillance. Harvard University, EE.UU.: *Harvard Law Review*. Información consultada el 10 de julio de 2013, de http://www.harvardlawreview.org/.

[xiv]Kevin Kelleher. **Privacidad en la web, ¿cosa del pasado?** (2013). Atlanta, Georgia.: *CNNExpansión*. Consultada el 14 de mayo de 2013, de http://www.cnnexpansion.com/.

[xv]Sonne, P. (2013). **Ya no existe la privacidad, dice el presidente de una de las mayores firmas de antivirus**. Nueva York, EEUU.: *The Wall Street Journal*. Consultado el 30 de diciembre de 2013, de http://online.wsj.com/public/page/espanol-inicio.html. Vea, además: Bob Greene. **Como lo vivió la reina Isabel II, la privacidad puede ser violada**. (2012). México, Latinoamérica.: *CNN México*. Información consultada el 29 de diciembre de 2013, de http://mexico.cnn.com/.

[xvi]Exposición de Motivos de la **Ley de Puerto Rico Núm. 92**, de 26 de agosto de 2005.

[xvii]**La NSA usa interceptaciones para hacer gráficas sobre relaciones sociales**. (2013). San Juan, Puerto Rico.: *Noticel*. Información consultada el 29 de diciembre de 2013, de http://www.noticel.com/.

[xviii]**Cellphone tracking cases highlight privacy concerns in digital age**. (2013). Moscú, Rusia.: *Russia Today (RT)*. Información consultada el 12 de diciembre de 2013, de http://rt.com/. Lea, además: Peter Bowes. **Desconectan al FBI por falta de pago**. (2008, 11 de enero). *British Broadcasting Corporation (BBC)*. Londres, Reino Unido. Recuperado el 30 de diciembre de 2008, de http://news.bbc.co.uk/hi/spanish/news/.

[xix]**Declassified files detail blatant violations, abuse of NSA domestic spying program**. (2013). Moscú, Rusia.: *Russia Today (RT)*. Información consultada el 12 de septiembre de 2013, de http://rt.com/. Lea, además: Joe Wolverton. (2013). **Federal Snoops Activate Smartphone Microphones and Laptop Cameras**. Nueva York, EE.UU.: *The New American Magazine*. Consultado el 23 de septiembre de 2013, de http://www.thenewamerican.com/.

[xx]Laura W. Murphy. (2013). **The FBI's Civil Rights Deficit**. Washington, D.C.: *American Civil Liberties Union (ACLU)*. Consultado el 23 de diciembre de 2013, de https://www.aclu.org/.

[xxi]**La NSA está conchabada con la mayoría de países occidentales**. (2013). Madrid, España.: *El País*. Consultado el 30 de diciembre de 2013, de http://www.elpais.com/. Lea, además: **Snowden insiste en que la NSA se excede**. (2013). Guaynabo, Puerto Rico.: *El Nuevo Día*. [Versión electrónica].

[xxii]**Snowden insiste en que la NSA se excede**. (2013). Guaynabo, Puerto Rico.: *El Nuevo Día*. [Versión electrónica]. Lea, además: Joe Wolverton. (2013). **Federal Snoops Activate Smartphone Microphones and Laptop Cameras**. Nueva York, EUA.: *The New American Magazine*. Consultado el 23 de septiembre de 2013, de http://www.thenewamerican.com/.

[xxiii]**La NSA está conchabada con la mayoría de países occidentales**. (2013). Madrid, España.: *El País*. Consultado el 30 de diciembre de 2013, de http://www.elpais.com/. Léase, además: **EE.UU. quita el derecho a la privacidad con el pretexto de proteger la seguridad**. (2013). Moscú, Rusia.: *Russia Today (RT)*. Información consultada el 12 de diciembre de 2013, de http://actualidad.rt.com/.

[xxiv]**EE.UU. quita el derecho a la privacidad con el pretexto de proteger la seguridad**. (2013). Moscú, Rusia.: *Russia Today (RT)*. Información consultada el 12 de diciembre de 2013, de http://actualidad.rt.com/. Lea, además: Richard Brust. **Government surveillance revelations are having a chilling effect on lawyers, says author**. (2013). Chicago, IL.: *American Bar Association Journal*. Información consultada el 20 de diciembre de 2013, de http://www.abajournal.com/.

[xxv]William Márquez. (2013) **¿Inmigrante o terrorista?, podría ser igual para agencia de inteligencia de EE.UU.** Londres, Reino Unido.: *British Broadcasting Corporation (BBC)*. Consultado el 30 de septiembre de 2013, de http://news.bbc.co.uk/. Lea, además: Kevin Kelleher. **Privacidad en la web, ¿cosa del pasado?** (2013). Atlanta, Georgia.: *CNNExpansión*. Información consultada el 27 de diciembre de 2013, de http://www.cnnexpansion.com/; **FBI pressuring telecoms to install undisclosed**

surveillance technology. (2013). Moscú, Rusia.: *Russia Today (RT)*. Información consultada el 12 de diciembre de 2013, de http://rt.com/.

xxviFBI pressuring telecoms to install undisclosed surveillance technology. (2013). Moscú, Rusia.: *Russia Today (RT)*. Información consultada el 12 de diciembre de 2013, de http://rt.com/.

xxviiiTrouble: hasta Apple tiene tropiezos. (2011). México, Latinoamérica.: *CNN México*. Información consultada el 27 de diciembre de 2013, de http://mexico.cnn.com/.

xxviiiiTrouble: hasta Apple tiene tropiezos. (2011). México, Latinoamérica.: *CNN México*. Información consultada el 27 de diciembre de 2013, de http://mexico.cnn.com/. Lea, además: Kevin Kelleher. **Privacidad en la web, ¿cosa del pasado?** (2013). Atlanta, Georgia.: *CNNExpansión*. Información consultada el 27 de diciembre de 2013, de http://www.cnnexpansion.com/.

xxixJoe Wolverton. (2013). **Federal Snoops Activate Smartphone Microphones and Laptop Cameras**. Nueva York, EE.UU.: *The New American Magazine*. Consultado el 23 de septiembre de 2013, de http://www.thenewamerican.com/.

xxxUnited States v. Oliva, 2012 WL 2948542 (9th Cir. July 20, 2012). Joe Wolverton. (2013). **Federal Snoops Activate Smartphone Microphones and Laptop Cameras**. Nueva York, EE.UU.: *The New American Magazine*. Consultado el 23 de septiembre de 2013, de http://www.thenewamerican.com/; **FBI pressuring telecoms to install undisclosed surveillance technology**. (2013). Moscú, Rusia.: *Russia Today (RT)*. Información consultada el 12 de diciembre de 2013, de http://rt.com/; **Cellphone tracking cases highlight privacy concerns in digital age**. (2013). Moscú, Rusia.: *Russia Today (RT)*. Información consultada el 12 de diciembre de 2013, de http://rt.com/.

xxxiFBI pressuring telecoms to install undisclosed surveillance technology. (2013). Moscú, Rusia.: *Russia Today (RT)*. Información consultada el 12 de diciembre de 2013, de http://rt.com/.

xxxiiFBI pressuring telecoms to install undisclosed surveillance technology. (2013). Moscú, Rusia.: *Russia Today (RT)*. Información consultada el 23 de septiembre de 2013, de http://rt.com/. Vea, además: **Indignación en EE.UU. por poderes que permiten al FBI vigilar los e-mails**. (2003). Argentina, Latinoamérica.: *El Archivo del Crimen*. Consultado el 28 de diciembre de 2003, de http://www.archivodelcrimen.com/.

xxxiiiWilliam Márquez **¿Inmigrante o terrorista?, podría ser igual para agencia de inteligencia de EE.UU.** (2013). Londres, Reino Unido.: *British Broadcasting Corporation (BBC)*. Recuperado el 30 de diciembre de 2013, de http://news.bbc.co.uk/.

xxxivTribunal decidirá futuro programa espionaje. (2006). Guaynabo, Puerto Rico.: *El Nuevo Día*. Recuperado el 12 de junio de 2006, de http://www.endi.com/.

xxxvJoe Wolverton. (2013). **Federal Snoops Activate Smartphone Microphones and Laptop Cameras**. Nueva York, EE.UU.: *The New American Magazine*. Consultado el 23 de septiembre de 2013, de http://www.thenewamerican.com/.

xxxviHUPD Introduces New Software to Recover Lost and Stolen Laptops. (2013). Harvard University, MA.: *The Harvard Crimson*. Información consultada el 31 de diciembre de 2013, de http://www.thecrimson.com/.

xxxviiAllegations that NSA tool can neutralize common online security. (2013). Moscú, Rusia.: *Russia Today (RT)*. Información consultada el 12 de diciembre de 2013, de http://rt.com/.

xxxviiiAdria Cruz **¿A quién le sorprende el ciberespionaje?** (2013). Guaynabo, Puerto Rico.: *Primera Hora*. [Versión electrónica].

xxxixLo que le gusta de Facebook puede revelar bastante de su personalidad. (2013). Londres, Reino Unido.: *British Broadcasting Corporation (BBC)*. Recuperado el 30 de diciembre de 2013, de http://news.bbc.co.uk/hi/spanish/news/. Léase, además: Western Illinois University (2012). **Facebook's dark side**. Rockville, MD.: *Science Daily*. Información consultada el 28 de julio de 2012, de http://www.sciencedaily.com/.

xlLo que dicen de ti las redes sociales. (2012). Londres, Reino Unido.: *British Broadcasting Corporation (BBC)*. Recuperado el 23 de mayo de 2013, de http://news.bbc.co.uk/.

Ismael Leandry-Vega   **133**

[xli]Alberto Benegas Lynch. **El derecho a la privacidad**. (2012). Washington D.C.: *Cato Institute*. Información consultada el 30 de diciembre de 2013, de http://www.elcato.org/.
[xlii]**P.R. Tel. Co. v. Martínez**, 114 D.P.R. 328 (1983). Lea, además: **Free to Search and Seize**. (2011). New York, NY.: *The New York Times*. Recuperado el 29 de diciembre de 2011, de http://www.nytimes.com/.
[xliii]**FBI admits to flying drones over US without warrants**. (2013). Moscú, Rusia.: *Russia Today (RT)*. Información consultada el 12 de diciembre de 2013, de http://rt.com/. Lea, además: **Jefe del FBI admite uso de aviones espías dentro de Estados Unidos**. (2013). Guaynabo, Puerto Rico.: *El Nuevo Día*. Recuperado el 30 de diciembre de 2013, de http://www.elnuevodia.com/.
[xliv]Alberto Benegas Lynch. **El derecho a la privacidad**. (2012). Washington D.C.: *Cato Institute*. Información consultada el 30 de diciembre de 2013, de http://www.elcato.org/. **Prevenidos sobre la tecnología láser para vigilar conversaciones**. (2013). San Juan, Puerto Rico.: *Noticel*. Información consultada el 29 de diciembre de 2013, de http://www.noticel.com/.
[xlv]**Mojica Escobar v. Roca**, 926 F. Supp. 30 (1996). Vea, además: **López-Pacheco v. United States**, 627 F. Supp. 1224 (1986), confirmada sin opinión, 815 F.2d 691 (1986).
[xlvi]David Espo. **EE.UU.: Cámara baja aprueba ley antiterrorista**. (2007, 10 de enero). Guaynabo, Puerto Rico.: *Primera Hora*. Recuperado el 31 de enero de 2007, de http://archivo.primerahora.com/.
[xlvii]**Servicio Postal vigila la correspondencia, según el NYT**. (2013). Guaynabo, Puerto Rico.: *Primera Hora*. [Versión electrónica].
[xlviii]Zurcher, A. (2013). **Del Imperio Romano a la NSA: la historia del espionaje internacional**. Londres, Reino Unido.: *British Broadcasting Corporation (BBC)*. Recuperado el 28 de noviembre de 2013, de http://news.bbc.co.uk/hi/spanish/news/.
[xlix]**Pueblo v. Figueroa Navarro**, 104 D.P.R. 721 (1976).
[l]Bob Greene. **Como lo vivió la reina Isabel II, la privacidad puede ser violada**. (2012). México, Latinoamérica.: *CNN México*. Información consultada el 27 de diciembre de 2013, de http://mexico.cnn.com/.
[li]María Elena Meneses. **Tenemos derecho a saber quién nos espía, cómo y para qué**. (2013). México, Latinoamérica.: *CNN México*. Información consultada el 27 de diciembre de 2013, de http://mexico.cnn.com/. Lea, además: Richard Brust. **Government surveillance revelations are having a chilling effect on lawyers, says author**. (2013). Chicago, IL.: *American Bar Association Journal*. Información consultada el 20 de diciembre de 2013, de http://www.abajournal.com/.
[lii]Yalixa Rivera Cruz. **Banco Popular alerta a sus clientes**. (2007, 21 de marzo). Guaynabo, Puerto Rico.: *El Nuevo Día*. Recuperado el 30 de marzo de 2007, de http://www.endi.com/.
[liii]Exposición de Motivos de la **Ley de Puerto Rico Núm. 39 del año 2012**.
[liv]Heather Kelly. **Los cinco hackeos más temibles que quizá ni siquiera imaginas**. (2013). México, Latinoamérica.: *CNN México*. Información consultada el 27 de diciembre de 2013, de http://mexico.cnn.com/.
[lv]Eva Fernández. **Cómo hackear en 15 minutos**. (2011). Londres, Reino Unido.: *British Broadcasting Corporation (BBC)*. Recuperado el 30 de diciembre de 2011, de http://news.bbc.co.uk/hi/spanish/news/.
[lvi]**California prohíbe la revancha pornográfica**. (2013). Guaynabo, Puerto Rico.: *Primera Hora*. [Versión electrónica]. Lea, además: Jaime González. **La batalla para acabar con el porno de la venganza**. (2013). Londres, Reino Unido.: *British Broadcasting Corporation (BBC)*. Recuperado el 30 de diciembre de 2013, de http://news.bbc.co.uk/.
[lvii]Nevares, D. (2004). **Sumario de Derecho Procesal Puertorriqueño**. San Juan, Puerto Rico.: *Instituto para el Desarrollo del Derecho*, pág.94.
[lviii]Catherine Crump. **El rastreo con GPS amenaza el derecho a la privacidad**. (2011). México, Latinoamérica.: *CNN México*. Información consultada el 27 de diciembre de 2013, de http://mexico.cnn.com/. Lea, además: **Denuncian carpeteo electrónico de**

Usted no tiene privacidad

independentistas. (2006, 23 de septiembre). Guaynabo, Puerto Rico.: *Primera Hora*. Recuperado el 23 de septiembre de 2006, de http://www.primerahora.com/.
lixDebra Cassens Weiss. (2012). **Supreme Court Rules Attaching GPS Device to Car Is a Search**. Chicago, IL.: *American Bar Association Journal*. Información consultada el 20 de diciembre de 2012, de http://www.abajournal.com/. **Cellphone tracking cases highlight privacy concerns in digital age**. (2013). Moscú, Rusia.: *Russia Today (RT)*. Información consultada el 12 de diciembre de 2013, de http://rt.com/.
lxOnStar Halts California High-Speed Pursuit. (2009, octubre). *Officer & Cygnus Business Media*.: Connecticut, EE.UU. Recuperado el 31 de octubre de 2009, de http://www.officer.com/.
lxiOp. Sec. Just. Núm. 40 de 1989.
lxiiInterrelación entre protección a la privacidad, protección de datos y habeas data. (2012). Washington D.C.: *Organización de los Estados Americanos*. Información consultada el 23 de septiembre de 2013, de http://www.oas.org/.
lxiiiMaría Elena Meneses. **Tenemos derecho a saber quién nos espía, cómo y para qué**. (2013). México, Latinoamérica.: *CNN México*. Información consultada el 27 de diciembre de 2013, de http://mexico.cnn.com/. Vea, además: Sonne, P. (2013). **Ya no existe la privacidad, dice el presidente de una de las mayores firmas de antivirus**. Nueva York, EEUU.: *The Wall Street Journal*. Información consultada el 30 de diciembre de 2013, de http://online.wsj.com/public/page/espanol-inicio.html.
lxivMaría Elena Meneses. **Tenemos derecho a saber quién nos espía, cómo y para qué**. (2013). México, Latinoamérica.: *CNN México*. Información consultada el 27 de diciembre de 2013, de http://mexico.cnn.com/.
lxvLa Agencia de Seguridad Nacional viola los derechos de los estadounidenses. (2013). Moscú, Rusia.: *La Voz de Rusia*. Información consultada el 12 de diciembre de 2013, de http://spanish.ruvr.ru/.
lxviCatherine Crump. **El rastreo con GPS amenaza el derecho a la privacidad**. (2011). México, Latinoamérica.: *CNN México*. Información consultada el 27 de diciembre de 2013, de http://mexico.cnn.com/.
lxviiCellphone tracking cases highlight privacy concerns in digital age. (2013). Moscú, Rusia.: *Russia Today (RT)*. Información consultada el 12 de diciembre de 2013, de http://rt.com/.
lxviiiDemandan a gobierno de EE.UU. por espionaje interno. (2006, 17 de enero). Guaynabo, Puerto Rico.: *El Nuevo Día*. Recuperado el 17 de enero de 2006, de http://www.endi.com/. Vea, además: **El Presidente violó la ley**. (2006, 17 de enero). Guaynabo, Puerto Rico.: *El Nuevo Día*. Recuperado el 17 de enero de 2006, de http://www.endi.com/.
lxixLos Estados deben respetar el derecho a la privacidad: relator especial. (2013). Nueva York, EEUU.: *Organización de las Naciones Unidas*. Información consultada el 28 de diciembre de 2013, de http://www.un.org/es/.
lxxLa Agencia de Seguridad Nacional viola los derechos de los estadounidenses. (2013). Moscú, Rusia.: *La Voz de Rusia*. Información consultada el 12 de diciembre de 2013, de http://spanish.ruvr.ru/. Lea, además: **Declassified files detail blatant violations, abuse of NSA domestic spying program**. (2013). Moscú, Rusia.: *Russia Today (RT)*. Información consultada el 12 de diciembre de 2013, de http://rt.com/; **La NSA usa interceptaciones para hacer gráficas sobre relaciones sociales**. (2013). San Juan, Puerto Rico.: *Noticel*. Información consultada el 29 de diciembre de 2013, de http://www.noticel.com/.
lxxiCatherine Crump. **El rastreo con GPS amenaza el derecho a la privacidad**. (2011). México, Latinoamérica.: *CNN México*. Información consultada el 27 de diciembre de 2013, de http://mexico.cnn.com/. Vea, además: **Indignación en EE.UU. por poderes que permiten al FBI vigilar los e-mails**. (2003). Argentina, Latinoamérica.: *El Archivo del Crimen*. Consultado el 28 de diciembre de 2003, de http://www.archivodelcrimen.com/.

Ismael Leandry-Vega

[lxxii]María Elena Meneses. **Tenemos derecho a saber quién nos espía, cómo y para qué**. (2013). México, Latinoamérica.: *CNN México*. Información consultada el 27 de diciembre de 2013, de http://mexico.cnn.com/. Lea, además: **Unleashed and unaccountable - ACLU condemns FBI in new report**. (2013). Moscú, Rusia.: *Russia Today (RT)*. Información consultada el 12 de diciembre de 2013, de http://rt.com/.

[lxxiii]Huaralí Reyes Avilés. **Guaynabo hace frente a los cacos**. (2006, 30 de agosto). Guaynabo, Puerto Rico.: *El Nuevo Día*. Recuperado el 30 de agosto de 2006, de http://www.endi.com/.

[lxxiv]**La tecnología biométrica se abre paso en los negocios**. (2011). Londres, Reino Unido.: *British Broadcasting Corporation (BBC)*. Recuperado el 30 de diciembre de 2011, de http://news.bbc.co.uk/hi/spanish/news/. Lea, además: **Prevalece ponchador de Educación**. (2008, 8 de julio). Guaynabo, Puerto Rico.: *Primera Hora*. Guaynabo, Puerto Rico. [Versión electrónica]; **Listo en las fronteras el control biométrico**. (2006, 11 de enero). Guaynabo, Puerto Rico.: *El Nuevo Día*. Recuperado el 11 de enero de 2006, de http://www.endi.com/; **Sofisticado sistema de identificación**. (2006). Guaynabo, Puerto Rico.: *El Nuevo Día*. Recuperado el 1 de enero de 2006, de http://www.endi.com/.

[lxxv]**Obama promete a Peña Nieto sanciones por el caso de supuesto espionaje**. (2013). México, Latinoamérica.: *CNN México*. Información consultada el 27 de diciembre de 2013, de http://mexico.cnn.com/. María Elena Meneses. **Tenemos derecho a saber quién nos espía, cómo y para qué**. (2013). México, Latinoamérica.: *CNN México*. Información consultada el 27 de diciembre de 2013, de http://mexico.cnn.com/.

[lxxvi]**El espionaje sin límites de EEUU forma parte de su estrategia**. (2013). Moscú, Rusia.: *La Voz de Rusia*. Información consultada el 12 de diciembre de 2013, de http://spanish.ruvr.ru/.

[lxxvii]Andy Greenberg. (2013).**ACLU Report Turns Spotlight Back To FBI's Unchecked Abuse of Authority**. Nueva York, EE.UU.: *Forbes*. Información consultada el 12 de diciembre de 2013, de www.forbes.com/.

[lxxviii]Sandra D. Rodríguez Cotto. **Big brother is watching**. (2013). San Juan, Puerto Rico.: *El Vocero de Puerto Rico*. [Versión electrónica].

[lxxix]Sandra D. Rodríguez Cotto. **Big brother is watching**. (2013). San Juan, Puerto Rico.: *El Vocero de Puerto Rico*. [Versión electrónica].

[lxxx]Sandra D. Rodríguez Cotto. **Big brother is watching**. (2013). San Juan, Puerto Rico.: *El Vocero de Puerto Rico*. [Versión electrónica]. Lea, además: Sandra Davidson. **Federal Shield Protection Needed to Protect Investigative Journalism**. (2013). Pittsburgh, PA.: *Jurist*. Información consultada el 28 de diciembre de 2013, de http://www.jurist.org/.

[lxxxi]**Periodistas pillados por contrabando**. (2003). Guaynabo, Puerto Rico.: *El Nuevo Día*, pág.8.

[lxxxii]Alberto Medina Carrero. (2013). **Las ilegalidades del FBI**. San Juan, Puerto Rico.: *Derecho y escritura*. Información consultada el 31 de diciembre de 2013, de http://derechoyescritura.blogspot.com/. Lea, además: Laura W. Murphy. (2013). **The FBI's Civil Rights Deficit**. Washington, D.C.: *American Civil Liberties Union (ACLU)*. Consultado el 23 de diciembre de 2013, de https://www.aclu.org/.

[lxxxiii]**Tribunal decidirá futuro programa espionaje**. (2006, 12 de junio). Guaynabo, Puerto Rico.: *El Nuevo Día*. Recuperado el 12 de junio de 2006, de http://www.endi.com/.

[lxxxiv]Andy Greenberg. (2013). **ACLU Report Turns Spotlight Back To FBI's Unchecked Abuse of Authority**. Nueva York, EE.UU.: *Forbes*. Información consultada el 12 de diciembre de 2013, de www.forbes.com/.

[lxxxv]**El espionaje a Brasil beneficia a empresas de EE.UU.**. (2013). Moscú, Rusia.: *Russia Today (RT)*. Información consultada el 12 de diciembre de 2013, de http://rt.com/.

[lxxxvi]Peter Wilkinson & Laura Smith-Spark. **La NSA descifró datos personales encriptados: nueva filtración de Snowden**. (2013). México, Latinoamérica.: *CNN México*. Información consultada el 27 de diciembre de 2013, de http://mexico.cnn.com/.

lxxxviiChiesa, E. (2007). **Guía de estudio en materia de Derecho Probatorio**. San Juan, Puerto Rico.: *Fideicomiso para la Escuela de Derecho de la Universidad de Puerto Rico*, pp. 45-46.
lxxxviiiChiesa, E. (2007). **Guía de estudio en materia de Derecho Probatorio**. San Juan, Puerto Rico.: *Fideicomiso para la Escuela de Derecho de la Universidad de Puerto Rico*, pp. 46-47.
lxxxixChiesa, E. (2007). **Guía de estudio en materia de Derecho Probatorio**. San Juan, Puerto Rico.: *Fideicomiso para la Escuela de Derecho de la Universidad de Puerto Rico*, pág. 49.
xcWilliam Márquez **¿Inmigrante o terrorista?, podría ser igual para agencia de inteligencia de EE.UU**. (2013). Londres, Reino Unido.: *British Broadcasting Corporation (BBC)*. Recuperado el 30 de diciembre de 2013, de http://news.bbc.co.uk/.
xciLa **ONU exigirá explicaciones a EU por el espionaje a su sistema de videoconferencia**. (2013). Ciudad de México, México.: *La Jornada*. Recuperado el 31 de diciembre de 2013, de http://www.jornada.unam.mx/.
xciiBob Greene. **Como lo vivió la reina Isabel II, la privacidad puede ser violada**. (2012). México, Latinoamérica.: *CNN México*. Información consultada el 27 de diciembre de 2013, de http://mexico.cnn.com/.
xciiiObama **promete a Peña Nieto sanciones por el caso de supuesto espionaje**. (2013). México, Latinoamérica.: *CNN México*. Información consultada el 27 de diciembre de 2013, de http://mexico.cnn.com/.
xcivObama **promete a Peña Nieto sanciones por el caso de supuesto espionaje**. (2013). México, Latinoamérica.: *CNN México*. Información consultada el 27 de diciembre de 2013, de http://mexico.cnn.com/.
xcvMaría Elena Meneses. **Tenemos derecho a saber quién nos espía, cómo y para qué**. (2013). México, Latinoamérica.: *CNN México*. Información consultada el 27 de diciembre de 2013, de http://mexico.cnn.com/.
xcvi**Gran Hermano en todo EU**. (2012). Distrito Federal, México.: *Revista Muy Interesante*. Consultado el 16 de diciembre de 2012, de http://www.muyinteresante.com.mx/.
xcvii**Ohio admits facial recognition used to scour state driver's license database without public knowledge**. (2013). Moscú, Rusia.: *Russia Today (RT)*. Información consultada el 12 de diciembre de 2013, de http://rt.com/.
xcviii**Gran Hermano en todo EU**. (2012). Distrito Federal, México.: *Revista Muy Interesante*. Consultado el 16 de diciembre de 2012, de http://www.muyinteresante.com.mx/.
xcix**FBI publica archivo de Marilyn Monroe menos censurado**. (2012). Guaynabo, Puerto Rico.: *Primera Hora*. [Versión electrónica].
c**CIA admits to having file on Chomsky, might have destroyed it**. (2013). Moscú, Rusia.: *Russia Today (RT)*. Información consultada el 12 de diciembre de 2013, de http://rt.com/.
ciSerrano, O. (2006). **Mal presagio para derechos civiles**. Guaynabo, Puerto Rico.: *Primera Hora*. Consultado el 16 de junio de 2006, de http://www.primerahora.com/.
cii**Mojica Escobar v. Roca**, 926 F. Supp. 30 (1996).
ciiiLaura W. Murphy. (2013). **The FBI's Civil Rights Deficit**. Washington, D.C.: *American Civil Liberties Union (ACLU)*. Consultado el 23 de diciembre de 2013, de https://www.aclu.org/; Alberto Medina Carrero. (2013). **Las ilegalidades del FBI**. San Juan, Puerto Rico.: *Derecho y escritura*. Información consultada el 31 de diciembre de 2013, de http://derechoyescritura.blogspot.com/; Andy Greenberg. (2013). **ACLU Report Turns Spotlight Back To FBI's Unchecked Abuse of Authority**. Nueva York, EE.UU.: *Forbes*. Información consultada el 12 de diciembre de 2013, de www.forbes.com/; Mike German. **Axe Wasteful and Abusive FBI Programs**. (2013). Washington, D.C.: *American Civil Liberties Union (ACLU)*. Consultado el 23 de diciembre de 2013, de https://www.aclu.org/.
civ**FBI a secret domestic intelligence agency**. (2013). Washington, D.C.: *McClatchy Washington Bureau*. Consultado el 23 de diciembre de 2013, de http://www.mcclatchydc.com/. Lea, además: Andy Greenberg. (2013). **ACLU Report Turns Spotlight Back To FBI's Unchecked Abuse of Authority**. Nueva York,

EE.UU.: *Forbes.* Información consultada el 12 de diciembre de 2013, de www.forbes.com/.

[cv]Gonzáles, M.J. (2003). **Encarpetados los que se oponen a la guerra.** San Juan, Puerto Rico.: *Claridad,* pág.11.

[cvi]Gonzáles, M.J. (2003). **Encarpetados los que se oponen a la guerra.** San Juan, Puerto Rico.: *Claridad,* pág.11.

[cvii]Andy Greenberg. (2013). **ACLU Report Turns Spotlight Back To FBI's Unchecked Abuse of Authority.** Nueva York, EE.UU.: *Forbes.* Información consultada el 12 de diciembre de 2013, de www.forbes.com/.

[cviii]Catherine Crump. **El rastreo con GPS amenaza el derecho a la privacidad.** (2011). México, Latinoamérica.: *CNN México.* Información consultada el 27 de diciembre de 2013, de http://mexico.cnn.com/. Lea, además: Neil M. Richards. (2013). **The Dangers of Surveillance.** Harvard University, EE.UU.: *Harvard Law Review.* Información consultada el 10 de julio de 2013, de http://www.harvardlawreview.org/.

[cix]Catherine Crump. **El rastreo con GPS amenaza el derecho a la privacidad.** (2011). México, Latinoamérica.: *CNN México.* Información consultada el 27 de diciembre de 2013, de http://mexico.cnn.com/.

[cx]María Elena Meneses. **Tenemos derecho a saber quién nos espía, cómo y para qué.** (2013). México, Latinoamérica.: *CNN México.* Información consultada el 27 de diciembre de 2013, de http://mexico.cnn.com/.

[cxi]Alberto Medina Carrero. (2013). **Cachondeo en el cacheo.** San Juan, Puerto Rico.: *Derecho y escritura.* Información consultada el 31 de diciembre de 2013, de http://derechoyescritura.blogspot.com/.

[cxii]Elizabeth LaForgia. **New York City asks court to dismiss NYPD Muslim surveillance suit.** (2013). Pittsburgh, PA.: *Jurist.* Información consultada el 28 de diciembre de 2013, de http://www.jurist.org/. Samuel Franklin. **New York City mayor files suit over new stop-and-frisk legislation.** (2013). Pittsburgh, PA.: *Jurist.* Información consultada el 28 de diciembre de 2013, de http://www.jurist.org/.

[cxiii]William Márquez. **La polémica política de paro y registro de la policía de Nueva York.** (2012). Londres, Reino Unido.: *British Broadcasting Corporation (BBC).* Recuperado el 30 de diciembre de 2012, de http://news.bbc.co.uk/hi/spanish/news/.

[cxiv]Vea la opinión del «US District Court for the Southern District of New York», en: Elizabeth LaForgia. **New York City asks court to dismiss NYPD Muslim surveillance suit.** (2013). Pittsburgh, PA.: *Jurist.* Información consultada el 28 de diciembre de 2013, de http://www.jurist.org/.

[cxv]**Luz verde a demanda colectiva contra policía de Nueva York.** (2012). Guaynabo, Puerto Rico.: *El Nuevo Día.* [Versión electrónica].

[cxvi]**Día ajetreado para los detectives.** (2006, 14 de febrero). Guaynabo, Puerto Rico.: *El Nuevo Día.* Recuperado el 14 de febrero de 2006, de http://www.endi.com/.

[cxvii]**Día ajetreado para los detectives.** (2006, 14 de febrero). Guaynabo, Puerto Rico.: *El Nuevo Día.* Recuperado el 14 de febrero de 2006, de http://www.endi.com/.

[cxviii]**Los Estados deben respetar el derecho a la privacidad: relator especial.** (2013). Nueva York, EEUU.: *Organización de las Naciones Unidas.* Información consultada el 28 de diciembre de 2013, de http://www.un.org/es/. Lea, además: Neil M. Richards. (2013). **The Dangers of Surveillance.** Harvard University, EE.UU.: *Harvard Law Review.* Información consultada el 10 de julio de 2013, de http://www.harvardlawreview.org/; Anahi Aradas. **La tecnología del Gran Hermano avanza en América Latina.** (2012). Londres, Reino Unido.: *British Broadcasting Corporation (BBC).* Recuperado el 30 de diciembre de 2012, de http://news.bbc.co.uk/hi/spanish/news/.

[cxix]María Elena Meneses. **Tenemos derecho a saber quién nos espía, cómo y para qué.** (2013). México, Latinoamérica.: *CNN México.* Información consultada el 27 de diciembre de 2013, de http://mexico.cnn.com/.

[cxx]**FBI a secret domestic intelligence agency**. (2013). Washington, D.C.: *McClatchy Washington Bureau*. Información consultada el 23 de diciembre de 2013, de http://www.mcclatchydc.com/.

[cxxi]**Indignación en EE.UU. por poderes que permiten al FBI vigilar los e-mails**. (2003). Argentina, Latinoamérica.: *El Archivo del Crimen*. Consultado el 28 de diciembre de 2003, de http://www.archivodelcrimen.com/.

[cxxii]Andy Greenberg. (2013). **ACLU Report Turns Spotlight Back To FBI's Unchecked Abuse of Authority**. Nueva York, EE.UU.: *Forbes*. Información consultada el 12 de diciembre de 2013, de www.forbes.com/. Lea, además: **Más pesquisas del FBI a la ciudadanía**. (2005, 7 de noviembre). Guaynabo, Puerto Rico.: *El Nuevo Día*. Recuperado el 7 de noviembre de 2005, de http://www.endi.com/.

[cxxiii]Andy Greenberg. (2013). **ACLU Rep ort Turns Spotlight Back To FBI's Unchecked Abuse of Authority**. Nueva York, EE.UU.: *Forbes*. Información consultada el 12 de diciembre de 2013, de www.forbes.com/.

[cxxiv]Andy Greenberg. (2013). **ACLU Report Turns Spotlight Back To FBI's Unchecked Abuse of Authority**. Nueva York, EE.UU.: *Forbes*. Información consultada el 12 de diciembre de 2013, de www.forbes.com/.

[cxxv]**Más pesquisas del FBI a la ciudadanía**. (2005, 7 de noviembre). Guaynabo, Puerto Rico.: *El Nuevo Día*. Recuperado el 7 de noviembre de 2005, de http://www.endi.com/.

[cxxvi]**Más pesquisas del FBI a la ciudadanía**. (2005, 7 de noviembre). Guaynabo, Puerto Rico.: *El Nuevo Día*. Recuperado el 7 de noviembre de 2005, de http://www.endi.com/.

[cxxvii]**Más pesquisas del FBI a la ciudadanía**. (2005, 7 de noviembre). Guaynabo, Puerto Rico.: *El Nuevo Día*. Recuperado el 7 de noviembre de 2005, de http://www.endi.com/. **Indignación en EE.UU. por poderes que permiten al FBI vigilar los e-mails**. (2003). Argentina, Latinoamérica.: *El Archivo del Crimen*. Información consultada el 28 de diciembre de 2003, de http://www.archivodelcrimen.com/.

[cxxviii]**Más pesquisas del FBI a la ciudadanía**. (2005, 7 de noviembre). Guaynabo, Puerto Rico.: *El Nuevo Día*. Recuperado el 7 de noviembre de 2005, de http://www.endi.com/.

[cxxix]**Declassified files detail blatant violations, abuse of NSA domestic spying program**. (2013). Moscú, Rusia.: *Russia Today (RT)*. Información consultada el 12 de diciembre de 2013, de http://rt.com/; **Indignación en EE.UU. por poderes que permiten al FBI vigilar los e-mails**. (2003). Argentina, Latinoamérica.: *El Archivo del Crimen*. Consultado el 28 de diciembre de 2003, de http://www.archivodelcrimen.com/.

[cxxx]Exposición de Motivos de la **Ley de Puerto Rico Núm. 39 del año 2012**. Lea, además: Richard Brust. **Government surveillance revelations are having a chilling effect on lawyers, says author**. (2013). Chicago, IL.: *American Bar Association Journal*. Información consultada el 20 de diciembre de 2013, de http://www.abajournal.com/; Anahi Aradas. **La tecnología del Gran Hermano avanza en América Latina**. (2012). Londres, Reino Unido.: *British Broadcasting Corporation (BBC)*. Recuperado el 30 de diciembre de 2012, de http://news.bbc.co.uk/hi/spanish/news/.

[cxxxi]Exposición de Motivos de la **Ley de Puerto Rico Núm. 39 del año 2012**.

[cxxxii]Exposición de Motivos de la **Ley de Puerto Rico Núm. 39 del año 2012**.

[cxxxiii]Anahi Aradas. **Nuestros datos personales son el nuevo petróleo**. (2012). Londres, Reino Unido.: *British Broadcasting Corporation (BBC)*. Recuperado el 30 de diciembre de 2012, de http://news.bbc.co.uk/hi/spanish/news/.

[cxxxiv]**Usted está en venta en Facebook**. (2012). Nueva York, EEUU.: *The Wall Street Journal*. Consultado el 1 de mayo de 2012, de http://online.wsj.com/public/page/espanol-inicio.html.

[cxxxv]Watchtower Bible and Tract Society of New York. (2003) **¿Es en realidad confidencial su historia médica?** Nueva York, EUA.: *¡Despertad!*, pág.7.

[cxxxvi]Exposición de Motivos de la **Ley de Puerto Rico Núm. 39 del año 2012**.

[cxxxvii]Exposición de Motivos de la **Ley de Puerto Rico Núm. 39 del año 2012**. Lea, además: Sonne, P. (2013). **Ya no existe la privacidad, dice el presidente de una de las mayores firmas de antivirus**. Nueva York, EEUU.: *The Wall Street Journal*. Información

Ismael Leandry-Vega   **139**

consultada el 30 de diciembre de 2013, de http://online.wsj.com/public/page/espanol-inicio.html.

[cxxxviii]**Las diez teorías de la conspiración más verídicas en alta tecnología.** (2013). Moscú, Rusia.: *Russia Today (RT)*. Información consultada el 12 de diciembre de 2013, de http://actualidad.rt.com/.

[cxxxix]**El mundo no necesita a EEUU como guía.** (2013). Moscú, Rusia.: *La Voz de Rusia. Información* consultada el 12 de diciembre de 2013, de http://spanish.ruvr.ru/. Lea, además: Sonne, P. (2013). **Ya no existe la privacidad, dice el presidente de una de las mayores firmas de antivirus.** Nueva York, EEUU.: *The Wall Street Journal.* Información consultada el 30 de diciembre de 2013, de http://online.wsj.com/public/page/espanol-inicio.html; Neil M. Richards. (2013). **The Dangers of Surveillance.** Harvard University, EE.UU.: *Harvard Law Review.* Información consultada el 10 de julio de 2013, de http://www.harvardlawreview.org/; **Kim Dotcom a RT: EE.UU. espía permanentemente a todo el mundo.** (2013). Moscú, Rusia.: *Russia Today.* Información consultada el 12 de diciembre de 2013, de http://actualidad.rt.com/; **EE.UU.: el gran hermano de internet en el mundo.** (2011). Londres, Reino Unido.: *British Broadcasting Corporation (BBC).* Recuperado el 30 de diciembre de 2011, de http://news.bbc.co.uk/.

[cxl]Peter Wilkinson & Laura Smith-Spark. **La NSA descifró datos personales encriptados: nueva filtración de Snowden.** (2013). México, Latinoamérica.: *CNN México.* Información consultada el 27 de diciembre de 2013, de http://mexico.cnn.com/.

[cxli]**Allegations that NSA tool can neutralize common online security.** (2013). Moscú, Rusia.: *Russia Today (RT).* Información consultada el 12 de diciembre de 2013, de http://rt.com/; **FBI admits to exploiting Tor to take down child porn behemoth.** (2013). Moscú, Rusia.: *Russia Today (RT).* Información consultada el 12 de diciembre de 2013, de http://rt.com/; **Google y Facebook, increíbles instrumentos de vigilancia: Assange.** (2013). México, Latinoamérica.: *El Universal.* Consultado el 11 de febrero de 2013, de http://www.eluniversal.com.mx/notas/900413.html.

[cxlii]Esteban Rivera. **FBI espía a través de celulares y otros equipos de ciudadanía.** (2007). San Juan, Puerto Rico.: *Claridad.* Consultado el 1 de octubre de 2007, de http://claridadpuertorico.com/; **FBI admits to exploiting Tor to take down child porn behemoth.** (2013). Moscú, Rusia.: *Russia Today (RT).* Información consultada el 12 de diciembre de 2013, de http://rt.com/.

[cxliii]Peter Wilkinson & Laura Smith-Spark. **La NSA descifró datos personales encriptados: nueva filtración de Snowden.** (2013). México, Latinoamérica.: *CNN México.* Información consultada el 27 de diciembre de 2013, de http://mexico.cnn.com/.

[cxliv]**La ONU declara el derecho a la libertad de expresión en internet.** (2012). México, Latinoamérica.: *CNN México.* Información consultada el 11 de agosto de 2012 [Versión electrónica].

[cxlv]**Internet lo sabe (casi) todo de usted.** (2013). Madrid, España.: *El País.* Consultado el 30 de diciembre de 2013, de http://www.elpais.com/. Vea, además: **Indignación en EE.UU. por poderes que permiten al FBI vigilar los e-mails.** (2003). Argentina, Latinoamérica.: *El Archivo del Crimen.* Consultado el 28 de diciembre de 2003, de http://www.archivodelcrimen.com/.

[cxlvi]**Yahoo recibió más de 29.000 solicitudes gubernamentales para revelar cuentas de usuarios.** (2013). Londres, Reino Unido.: *British Broadcasting Corporation (BBC).* Recuperado el 30 de diciembre de 2013, de http://news.bbc.co.uk/hi/spanish/news/. Lea, además: **Spy Files: New WikiLeaks docs expose secretive, unruly surveillance industry.** (2013). Moscú, Rusia.: *Russia Today (RT).* Información consultada el 12 de diciembre de 2013, de http://actualidad.rt.com/; Sandra D. Rodríguez Cotto. **Big brother is watching.** (2013). San Juan, Puerto Rico.: *El Vocero de Puerto Rico.* [Versión electrónica]; **EE.UU.: el gran hermano de internet en el mundo.** (2011). Londres, Reino Unido.: *British Broadcasting Corporation (BBC).* Recuperado el 30 de diciembre de 2011, de http://news.bbc.co.uk/hi/spanish/news/.

cxlviiYahoo recibió más de 29.000 solicitudes gubernamentales para revelar cuentas de usuarios. (2013). Londres, Reino Unido.: *British Broadcasting Corporation (BBC)*. Recuperado el 30 de diciembre de 2013, de http://news.bbc.co.uk/hi/spanish/news/. Lea, además: **Facebook revela qué le piden los gobiernos**. (2013). Londres, Reino Unido.: *British Broadcasting Corporation (BBC)*. Recuperado el 30 de diciembre de 2013, de http://news.bbc.co.uk/hi/spanish/news/; Antonio Fernández. **Red Echelon: ¿herramienta de seguridad en internet o Gran Hermano?** (2012). Londres, Reino Unido.: *British Broadcasting Corporation (BBC)*. Recuperado el 30 de diciembre de 2012, de http://news.bbc.co.uk/hi/spanish/news/.

cxlviiiApple da a conocer detalles de sus cuentas vigiladas. (2013). Londres, Reino Unido.: *British Broadcasting Corporation (BBC)*. Recuperado el 30 de octubre de 2013, de http://news.bbc.co.uk/hi/spanish/news/.

cxlixYahoo recibió más de 29.000 solicitudes gubernamentales para revelar cuentas de usuarios. (2013). Londres, Reino Unido.: *British Broadcasting Corporation (BBC)*. Recuperado el 30 de diciembre de 2013, de http://news.bbc.co.uk/hi/spanish/news/.

clFacebook revela qué le piden los gobiernos. (2013). Londres, Reino Unido.: *British Broadcasting Corporation (BBC)*. Recuperado el 30 de diciembre de 2013, de http://news.bbc.co.uk/hi/spanish/news/. Lea, además: **Google y Facebook, increíbles instrumentos de vigilancia: Assange**. (2013). México, Latinoamérica.: *El Universal*. Consultado el 11 de febrero de 2013, de http://www.eluniversal.com.mx/; Antonio Fernández. **Red Echelon: ¿herramienta de seguridad en internet o Gran Hermano?** (2012). Londres, Reino Unido.: *British Broadcasting Corporation (BBC)*. Recuperado el 30 de diciembre de 2012, de http://news.bbc.co.uk/hi/spanish/news/.

cliIsraeli airport security given green light to search tourist emails. (2013). Moscú, Rusia.: *Russia Today*. Información consultada el 12 de diciembre de 2013, de http://actualidad.rt.com/.

cliiOp. Sec. Just. Núm. 44 de 1987.

cliiiVea el análisis realizado por los abogados de la Unión de Derechos Civiles de EE.UU. (ACLU, por sus siglas en inglés), en: **Tribunal decidirá futuro programa espionaje**. (2006, 12 de junio). Guaynabo, Puerto Rico.: *El Nuevo Día*. Recuperado el 12 de junio de 2006, de http://www.endi.com/. Vea, además: **El Presidente violó la ley**. (2006, 17 de enero). Guaynabo, Puerto Rico.: *El Nuevo Día*. Recuperado el 17 de enero de 2006, de http://www.endi.com/.

clivDefensa al programa de escuchas telefónicos. (2006, 18 de noviembre). Guaynabo, Puerto Rico.: *El Nuevo Día*. Recuperado el 30 de noviembre de 2006, de http://www.adendi.com/.

clvEl Presidente violó la ley. (2006, 17 de enero). Guaynabo, Puerto Rico.: *El Nuevo Día*. Recuperado el 17 de enero de 2006, de http://www.endi.com/.

clviWatchtower Bible and Tract Society of New York. (2003) **La paradoja de la privacidad**. Nueva York, EUA.: *¡Despertad!*, pág.4.

clviiLea la opinión de Juan R. Torruella, juez de la Corte del Primer Circuito de Apelaciones de Boston, en: Carmen Edith Torres. **Preocupante ataque a las libertades**. (2006,16 de junio). Guaynabo, Puerto Rico.: *El Nuevo Día*. Recuperado el 16 de junio de 2006, de http://www.endi.com/. Vea, además: **Indignación en EE.UU. por poderes que permiten al FBI vigilar los e-mails**. (2003). Argentina, Latinoamérica.: *El Archivo del Crimen*. Consultado el 28 de mayo de 2004, de http://www.archivodelcrimen.com/.

clviiiPeter Wilkinson & Laura Smith-Spark. **La NSA descifró datos personales encriptados: nueva filtración de Snowden**. (2013). México, Latinoamérica.: *CNN México*. Información consultada el 27 de diciembre de 2013, de http://mexico.cnn.com/.

clixGrilletes electrónicos pueden escuchar conversaciones. (2013). San Juan, Puerto Rico.: *Noticel*. Consultado el 29 de diciembre de 2013, de http://www.noticel.com/.

clxAlberto Medina Carrero. (2013). **Simplemente una ilusión**. San Juan, Puerto Rico.: *Derecho y escritura*. Información consultada el 31 de diciembre de 2013, de http://derechoyescritura.blogspot.com/. Léase, además: **Crítica al espionaje interno**.

Ismael Leandry-Vega   **141**

(2006, 6 de febrero). Guaynabo, Puerto Rico.: *El Nuevo Día*. Recuperado el 6 de febrero de 2006, de http://www.endi.com/; **Investiga Justicia filtración al Times**. (2006, 1 de enero). Guaynabo, Puerto Rico.: *El Nuevo Día*. Recuperado el 1 de enero de 2006, de http://www.endi.com/.

[clxi]**El mundo no necesita a EEUU como guía**. (2013). Moscú, Rusia.: *La Voz de Rusia. Información* consultada el 12 de diciembre de 2013, de http://spanish.ruvr.ru/. Lea, además: Richard Brust. **Government surveillance revelations are having a chilling effect on lawyers, says author**. (2013). Chicago, IL.: *American Bar Association Journal*. Información consultada el 20 de diciembre de 2013, de http://www.abajournal.com/. **Declassified files detail blatant violations, abuse of NSA domestic spying program**. (2013). Moscú, Rusia.: *Russia Today (RT)*. Información consultada el 12 de diciembre de 2013, de http://rt.com/.

[clxii]**Declassified files detail blatant violations, abuse of NSA domestic spying program**. (2013). Moscú, Rusia.: *Russia Today (RT)*. Información consultada el 12 de diciembre de 2013, de http://rt.com/.

[clxiii]**La NSA reconoce que infringió las leyes de privacidad de EE.UU.** (2013). Nueva York, EEUU.: *The Wall Street Journal*. Información consultada el 30 de diciembre de 2013, de http://online.wsj.com/public/page/espanol-inicio.html.

[clxiv]Peter Wilkinson & Laura Smith-Spark. **La NSA descifró datos personales encriptados: nueva filtración de Snowden**. (2013). México, Latinoamérica.: *CNN México*. Información consultada el 27 de diciembre de 2013, de http://mexico.cnn.com/. Vea, además: **Indignación en EE.UU. por poderes que permiten al FBI vigilar los e-mails**. (2003). Argentina, Latinoamérica.: *El Archivo del Crimen*. Consultado el 28 de diciembre de 2003, de http://www.archivodelcrimen.com/.

[clxv]**EE.UU. quita el derecho a la privacidad con el pretexto de proteger la seguridad**. (2013). Moscú, Rusia.: *Russia Today (RT)*. Información consultada el 12 de diciembre de 2013, de http://actualidad.rt.com/. Lea, además: Richard Brust. **Government surveillance revelations are having a chilling effect on lawyers, says author**. (2013). Chicago, IL.: *American Bar Association Journal*. Información consultada el 20 de diciembre de 2013, de http://www.abajournal.com/.

[clxvi]**EE.UU. quita el derecho a la privacidad con el pretexto de proteger la seguridad**. (2013). Moscú, Rusia.: *Russia Today (RT)*. Información consultada el 12 de diciembre de 2013, de http://actualidad.rt.com/. Lea, además: Richard Brust. **Government surveillance revelations are having a chilling effect on lawyers, says author**. (2013). Chicago, IL.: *American Bar Association Journal*. Información consultada el 20 de diciembre de 2013, de http://www.abajournal.com/.

[clxvii]María Elena Meneses. **Tenemos derecho a saber quién nos espía, cómo y para qué**. (2013). México, Latinoamérica.: *CNN México*. Información consultada el 27 de diciembre de 2013, de http://mexico.cnn.com/; Peter Wilkinson & Laura Smith-Spark. **La NSA descifró datos personales encriptados: nueva filtración de Snowden**. (2013). México, Latinoamérica.: *CNN México*. Información consultada el 27 de diciembre de 2013, de http://mexico.cnn.com/.

[clxviii]**La Agencia de Seguridad Nacional viola los derechos de los estadounidenses**. (2013). Moscú, Rusia.: *La Voz de Rusia*. Información consultada el 12 de diciembre de 2013, de http://spanish.ruvr.ru/.

[clxix]**La Agencia de Seguridad Nacional viola los derechos de los estadounidenses**. (2013). Moscú, Rusia.: *La Voz de Rusia*. Información consultada el 12 de diciembre de 2013, de http://spanish.ruvr.ru/. **Declassified files detail blatant violations, abuse of NSA domestic spying program**. (2013). Moscú, Rusia.: *Russia Today (RT)*. Información consultada el 12 de diciembre de 2013, de http://rt.com/.

[clxx]**La Agencia de Seguridad Nacional viola los derechos de los estadounidenses**. (2013). Moscú, Rusia.: *La Voz de Rusia*. Información consultada el 12 de diciembre de 2013, de http://spanish.ruvr.ru/. Lea, además: Evan Pérez. **EU revela dictámenes que culpan a la NSA de extralimitar su vigilancia**. (2013). México, Latinoamérica.: *CNN*

México. Información consultada el 27 de diciembre de 2013, de http://mexico.cnn.com/; **Dimite juez por plan del Presidente**. (2005, 22 de diciembre). Guaynabo, Puerto Rico.: *El Nuevo Día.* Recuperado el 22 de diciembre de 2005, de http://www.endi.com/.

clxxiOscar J. Serrano. (2006). **Mal presagio para derechos civiles**. Guaynabo, Puerto Rico.: *Primera Hora.* Información recuperada el 16 de junio de 2006, de http://www.primerahora.com/.

clxxiiCrítica al espionaje interno. (2006, 6 de febrero). Guaynabo, Puerto Rico.: *El Nuevo Día.* Recuperado el 6 de febrero de 2006, de http://www.endi.com/. Vea, además: **Legal y necesario el espionaje.** (2006, 5 de febrero). Guaynabo, Puerto Rico.: *El Nuevo Día.* Recuperado el 5 de febrero de 2006, de http://www.endi.com/; **Bush da validez a las amenazas.** (2006, 26 de enero). Guaynabo, Puerto Rico.: *El Nuevo Día.* Recuperado el 26 de enero de 2006, de http://www.endi.com/; **Gonzales defiende el espionaje en EE.UU.** (2006, 24 enero). Guaynabo, Puerto Rico.: *El Nuevo Día.* Recuperado el 24 de enero de 2006, de http://www.endi.com/; **Defiende Dick Cheney el espionaje interno.** (2006, 21 de enero). Guaynabo, Puerto Rico.: *El Nuevo Día.* Recuperado el 21 de enero de 2006, de http://www.endi.com/.

clxxiiiDimite juez por plan del Presidente. (2005). Guaynabo, Puerto Rico.: *El Nuevo Día.* Recuperado el 22 de diciembre de 2005, de http://www.endi.com/. Lea, además: Menno Goedman. (2013). **Reforming FISC: Legislative Proposals for Creating a More Balanced FISA Court.** Harvard University, EUA.: *Harvard National Security Journal.* Consultado el 23 de octubre de 2013, de http://harvardnsj.org/2013/09/reforming-fisc-legislative-proposals-for-creating-a-more-balanced-fisa-court/; **50 U.S.C. § 1803**; **Foreign Intelligence Surveillance Act** (FISA), Section 103.

clxxivDimite juez por plan del Presidente. (2005). Guaynabo, Puerto Rico.: *El Nuevo Día.* Recuperado el 22 de diciembre de 2005, de http://www.endi.com/. Lea, además: Menno Goedman. (2013). **Reforming FISC: Legislative Proposals for Creating a More Balanced FISA Court.** Harvard University, EUA.: *Harvard National Security Journal.* Consultado el 23 de octubre de 2013, de http://harvardnsj.org/2013/09/reforming-fisc-legislative-proposals-for-creating-a-more-balanced-fisa-court/; **50 U.S.C. § 1803**; **Foreign Intelligence Surveillance Act** (FISA), Section 103.

clxxvAlberto Medina Carrero. (2013). **Simplemente una ilusión**. San Juan, Puerto Rico.: *Derecho y escritura.* Información consultada el 31 de diciembre de 2013, de http://derechoyescritura.blogspot.com/.

clxxviGoedman, M. (2013). **Reforming FISC: Legislative Proposals for Creating a More Balanced FISA Court.** Harvard University, EUA.: *Harvard National Security Journal.* Consultado el 23 de octubre de 2013, de http://harvardnsj.org/2013/09/reforming-fisc-legislative-proposals-for-creating-a-more-balanced-fisa-court/.

clxxviiLa poderosa herramienta de EE.UU. para vigilarlo todo en internet. (2013). Londres, Reino Unido.: *British Broadcasting Corporation (BBC).* Recuperado el 30 de diciembre de 2013, de http://news.bbc.co.uk/hi/spanish/news/.

clxxviiiEE.UU. quita el derecho a la privacidad con el pretexto de proteger la seguridad. (2013). Moscú, Rusia.: *Russia Today (RT).* Información consultada el 12 de diciembre de 2013, de http://actualidad.rt.com/. Lea, además: Richard Brust. **Government surveillance revelations are having a chilling effect on lawyers, says author.** (2013). Chicago, IL.: *American Bar Association Journal.* Información consultada el 20 de diciembre de 2013, de http://www.abajournal.com/; Anahi Aradas. **La tecnología del Gran Hermano avanza en América Latina.** (2012). Londres, Reino Unido.: *British Broadcasting Corporation (BBC).* Recuperado el 30 de diciembre de 2012, de http://news.bbc.co.uk/.

clxxixMaría Elena Meneses. **Tenemos derecho a saber quién nos espía, cómo y para qué.** (2013). México, Latinoamérica.: *CNN México.* Información consultada el 27 de diciembre de 2013, de http://mexico.cnn.com/. Lea, además: Neil M. Richards. (2013). **The Dangers of Surveillance**. Harvard University, EE.UU.: *Harvard Law Review.* Información consultada el 10 de julio de 2013, de http://www.harvardlawreview.org/.

Ismael Leandry-Vega

clxxxEE.UU. quita el derecho a la privacidad con el pretexto de proteger la seguridad. (2013). Moscú, Rusia.: *Russia Today (RT)*. Información consultada el 12 de diciembre de 2013, de http://actualidad.rt.com/. Vea, también: **FBI publica archivo de Marilyn Monroe menos censurado.** (2012). Guaynabo, Puerto Rico.: *Primera Hora*. [Versión electrónica]; Richard Brust. **Government surveillance revelations are having a chilling effect on lawyers, says author.** (2013). Chicago, IL.: *American Bar Association Journal*. Consultado el 20 de diciembre de 2013, de http://www.abajournal.com/; Neil, M. (2013). **Feds secretly got warrant for Fox reporter's email, claimed news-gathering was likely a crime.** Chicago, IL.: *American Bar Association Journal*. Información consultada el 20 de diciembre de 2013, de http://www.abajournal.com/.

clxxxiUnleashed and unaccountable - ACLU condemns FBI in new report. (2013). Moscú, Rusia.: *Russia Today (RT)*. Información consultada el 12 de diciembre de 2013, de http://rt.com/.

clxxxiiVea el análisis realizado por Juan R. Torruella, juez de la Corte del Primer Circuito de Apelaciones de Boston, en: Carmen Edith Torres. **Preocupante ataque a las libertades**. (2006, 16 de junio). Guaynabo, Puerto Rico.: *El Nuevo Día*. Recuperado el 16 de junio de 2006, de http://www.endi.com/.

clxxxiiiLa policía de EEUU se militariza. (2013). San Juan, Puerto Rico.: *Noticel*. Información consultada el 29 de diciembre de 2013, de http://www.noticel.com/.

clxxxivRadley Balko. **How did America's police become a military force on the streets?** (2013). Chicago, IL.: *American Bar Association Journal*. Información consultada el 20 de diciembre de 2013, de http://www.abajournal.com/.

clxxxvMaritza Díaz Alcaide. **Supremo federal avala los registros al desnudo.** (2012). Guaynabo, Puerto Rico.: *Primera Hora*. [Versión electrónica].

clxxxviMaritza Díaz Alcaide. **Supremo federal avala los registros al desnudo.** (2012). Guaynabo, Puerto Rico.: *Primera Hora*. [Versión electrónica]. Vea, además: Liptak, A. (2012). **Supreme Court Ruling Allows Strip-Searches for Any Arrest.** New York, NY.: *The New York Times*. Recuperado el 29 de diciembre de 2012, de http://www.nytimes.com/.

clxxxviiLos registros arbitrarios son ilegales. (2010, enero). Londres, Reino Unido.: *British Broadcasting Corporation (BBC)*. Recuperado el 30 de diciembre de 2010, de http://news.bbc.co.uk/hi/spanish/news/.

clxxxviiiCrece el escándalo por la detención de la pareja del periodista que develó el caso Snowden. (2013). Buenos Aires, Argentina.: *Clarín*. Recuperado el 18 de diciembre de 2013, de http://www.clarin.com/; **Laura Poitras, la mujer que reveló los secretos de Snowden.** (2013). Londres, Reino Unido.: *British Broadcasting Corporation (BBC)*. Recuperado el 30 de diciembre de 2013, de http://news.bbc.co.uk/hi/spanish/news/.

clxxxixJosé A. Delgado. **Supremo no revisa caso del 'talibán' boricua.** (2006, 4 de abril). Guaynabo, Puerto Rico.: *El Nuevo Día*. Recuperado el 4 de abril de 2006, de http://www.endi.com/. Lea, además: Colón, N. (2005, 14 de septiembre). **El ciudadano José Padilla**. Guaynabo, Puerto Rico.: *El Nuevo Día*. Recuperado el 14 de septiembre de 2005, de http://www.endi.com/.

cxcEulimar Núñez. **EE.UU.: el peligro de institucionalizar el método Guantánamo.** (2012). Londres, Reino Unido.: *British Broadcasting Corporation (BBC)*. Recuperado el 30 de diciembre de 2012, de http://news.bbc.co.uk/hi/spanish/news/.

cxciEulimar Núñez. **EE.UU.: el peligro de institucionalizar el método Guantánamo.** (2012). Londres, Reino Unido.: *British Broadcasting Corporation (BBC)*. Recuperado el 30 de diciembre de 2012, de http://news.bbc.co.uk/hi/spanish/news/.

cxciiJosé A. Delgado. **Advierte que apelará el dictamen.** (2008, 23 de enero). Guaynabo, Puerto Rico.: *El Nuevo Día*. Recuperado el 31 de enero de 2009, de http://www.adendi.com/. Lea, además: José A. Delgado. (2008). **Padilla tendrá que cumplir 17 años en prisión.** Guaynabo, Puerto Rico.: *El Nuevo Día*. Recuperado el 31 de enero de 2009, de http://www.adendi.com/; José A. Delgado. **Supremo no revisa caso del 'talibán' boricua.** (2006, 4 de abril). Guaynabo, Puerto Rico.: *El Nuevo Día*.

Recuperado el 4 de abril de 2006, de http://www.endi.com/; **Jueza niega fianza a José Padilla.** (2006, 18 de febrero). Guaynabo, Puerto Rico.: *El Nuevo Día.* Recuperado el 18 de febrero de 2006, de http://www.endi.com/.

cxciiiJosé A. Delgado. **Advierte que apelará el dictamen.** (2008, 23 de enero). Guaynabo, Puerto Rico.: *El Nuevo Día.* Recuperado el 31 de enero de 2009, de http://www.adendi.com/. Lea, además: Wilfredo Mattos Cintrón. **Las desventuras de 'Pucho' Padilla.** (2007, 6 de marzo). Guaynabo, Puerto Rico.: *El Nuevo Día.* Recuperado el 30 de marzo de 2007, de http://www.endi.com/; **Condenan reclusión indefinida en Guantánamo.** (2010, enero). Londres, Reino Unido.: *British Broadcasting Corporation (BBC).* Recuperado el 30 de diciembre de 2010, de http://news.bbc.co.uk/hi/spanish/news/.

cxcivJosé A. Delgado. (2008). **Padilla tendrá que cumplir 17 años en prisión.** Guaynabo, Puerto Rico.: *El Nuevo Día.* Recuperado el 31 de enero de 2009, de http://www.adendi.com/. Lea, además: **Al fuero civil Padilla tras 43 meses preso sin cargos formales.** (2006, 5 de enero). Guaynabo, Puerto Rico.: *El Nuevo Día.* Recuperado el 5 de enero de 2006, de http://www.endi.com/.

cxcvGerardo E. Alvarado León. **Ratifican las pruebas de ADN a detenidos.** (2013). Guaynabo, Puerto Rico.: *El Nuevo Día.* [Versión electrónica]; **EE.UU.: policía podrá tomar muestras de ADN como rutina.** (2013). Londres, Reino Unido.: *British Broadcasting Corporation (BBC).* Recuperado el 10 de diciembre de 2013, de http://news.bbc.co.uk/hi/spanish/news/; Debra Cassens Weiss. **SCOTUS upholds DNA swab for arrestees.** (2013). Chicago, IL.: *American Bar Association Journal.* Información consultada el 10 de diciembre de 2013, de http://www.abajournal.com/.

cxcviOp. Sec. Just. Núm. 50 de 1987.

cxcviiPueblo v. Falú Martínez, 116 D.P.R. 828 (1986).

cxcviiiGerardo E. Alvarado León. **Ratifican las pruebas de ADN a detenidos.** (2013). Guaynabo, Puerto Rico.: *El Nuevo Día.* [Versión electrónica]; Debra Cassens Weiss. **SCOTUS upholds DNA swab for arrestees.** (2013). Chicago, IL.: *American Bar Association Journal.* Información consultada el 10 de diciembre de 2013, de http://www.abajournal.com/.

cxcix**Bush da validez a las amenazas.** (2006, 26 de enero). Guaynabo, Puerto Rico.: *El Nuevo Día.* Recuperado el 26 de enero de 2006, de http://www.endi.com/. Vea, además: **Niega Bush que husmeó sin permiso.** (2006, 24 enero). Guaynabo, Puerto Rico.: *El Nuevo Día.* Recuperado el 24 de enero de 2006, de http://www.endi.com/.

ccShokooh, F. (2005, 12 de septiembre). **Restringen derechos por la seguridad.** Guaynabo, Puerto Rico.: *Primera Hora.* Recuperado el 12 de septiembre de 2005, de http://www.primerahora.com/.

cciRosita Marrero. **Advierte por violación de derechos.** (2007, 14 de noviembre). Guaynabo, Puerto Rico.: *Primera Hora.* [Versión electrónica]. Lea, además: Neil M. Richards. (2013). **The Dangers of Surveillance.** Harvard University, EE.UU.: *Harvard Law Review.* Consultado el 10 de julio de 2013, de http://www.harvardlawreview.org/.

cciiACLU le da F a la Legislatura. (2012). San Juan, Puerto Rico.: *Noticel.* Información consultada el 29 de diciembre de 2012, de http://www.noticel.com/. Vea, además: **Indignación en EE.UU. por poderes que permiten al FBI vigilar los e-mails.** (2003). Argentina, Latinoamérica.: *El Archivo del Crimen.* Consultado el 28 de diciembre de 2003, de http://www.archivodelcrimen.com/.

cciiiSandra D. Rodríguez Cotto. **Big brother is watching.** (2013). San Juan, Puerto Rico.: *El Vocero de Puerto Rico.* [Versión electrónica]. Lea, además: Neil M. Richards. (2013). **The Dangers of Surveillance.** Harvard University, EE.UU.: *Harvard Law Review.* Información consultada el 10 de julio de 2013, de http://www.harvardlawreview.org/.

ccivMartha Neil. **Judge holds reporter in contempt, imposes $300-a-day fine during 180-day.** (2013). Chicago, IL.: *American Bar Association Journal.* Información consultada el 20 de diciembre de 2013, de http://www.abajournal.com/.

ccvDestruyan el material: las denuncias de The Guardian en el caso Snowden. (2013). Londres, Reino Unido.: *British Broadcasting Corporation (BBC)*. Recuperado el 30 de diciembre de 2013, de http://news.bbc.co.uk/hi/spanish/news/.

ccviDestruyan el material: las denuncias de The Guardian en el caso Snowden. (2013). Londres, Reino Unido.: *British Broadcasting Corporation (BBC)*. Recuperado el 30 de diciembre de 2013, de http://news.bbc.co.uk/hi/spanish/news/.

ccviiOrtiz v. Directora de Adm. De los Tribunales, 152 D.P.R. 161 (2000); Soto v. Secretario. de Justicia; 112 D.P.R 477, 485 (1982).

ccviiiDebra Cassens Weiss. (2013). SCOTUS rejects 'sweeping' privileges claim by out-of-staters denied FOIA records in Virginia. Chicago, IL.: *American Bar Association Journal*. Consultada el 20 de diciembre de 2013, de http://www.abajournal.com/.

ccixAbsuelven a periodistas. (2006, 4 de diciembre). Guaynabo, Puerto Rico.: *El Nuevo Día*. Recuperado el 31 de diciembre de 2006, de http://www.adendi.com/.

ccxMaría Elena Meneses. Tenemos derecho a saber quién nos espía, cómo y para qué. (2013). México, Latinoamérica.: *CNN México*. Información consultada el 27 de diciembre de 2013, de http://mexico.cnn.com/. Lea, además: Declassified files detail blatant violations, abuse of NSA domestic spying program. (2013). Moscú, Rusia.: *Russia Today (RT)*. Información consultada el 12 de diciembre de 2013, de http://rt.com/.

ccxiAnahi Aradas. Nuestros datos personales son el nuevo petróleo. (2012). Londres, Reino Unido.: *British Broadcasting Corporation (BBC)*. Recuperado el 30 de diciembre de 2012, de http://news.bbc.co.uk/hi/spanish/news/.

ccxiiLas tabletas han duplicado el tiempo que pasamos en Internet. (2013). Moscú, Rusia.: *Russia Today (RT)*. Información consultada el 27 de octubre de 2013, de http://rt.com/.

ccxiiiCuen, D. (2013). La adolescencia digital. Londres, Reino Unido.: *British Broadcasting Corporation (BBC)*. Recuperado el 13 de noviembre de 2013, de http://news.bbc.co.uk/.

ccxivEsteban Rivera. FBI espía a través de celulares y otros equipos de ciudadanía. (2007). San Juan, Puerto Rico.: *Claridad*. Consultado el 1 de octubre de 2007, de http://claridadpuertorico.com/. Lea, además: Richard Brust. Government surveillance revelations are having a chilling effect on lawyers, says author. (2013). Chicago, IL.: *American Bar Association Journal*. Información consultada el 20 de diciembre de 2013, de http://www.abajournal.com/.

ccxvEl mundo no necesita a EEUU como guía. (2013). Moscú, Rusia.: *La Voz de Rusia*. *Información* consultada el 12 de diciembre de 2013, de http://spanish.ruvr.ru/.

ccxviLegal y necesario el espionaje. (2006, 5 de febrero). Guaynabo, Puerto Rico.: *El Nuevo Día*. Recuperado el 5 de febrero de 2006, de http://www.endi.com/. Vea, además: Espionaje interno hubiese evitado los ataques del 11-S. (2006, 24 enero). Guaynabo, P.R.: *El Nuevo Día*. Recuperado el 24 de enero de 2006, de http://www.endi.com/.

ccxviiExposición de Motivos de la Ley de Puerto Rico Núm. 39 del año 2012. Vea, además: Sonne, P. (2013). Ya no existe la privacidad, dice el presidente de una de las mayores firmas de antivirus. Nueva York, EEUU.: *The Wall Street Journal*. Información consultada el 30 de diciembre de 2013, de http://online.wsj.com/public/page/espanol-inicio.html; EE.UU.: el gran hermano de internet en el mundo. (2011). Londres, Reino Unido.: *British Broadcasting Corporation (BBC)*. Recuperado el 30 de diciembre de 2011, de http://news.bbc.co.uk/hi/spanish/news/.

ccxviiiRafael Méndez Bernal. (2000). Clásicos del pensamiento universal resumidos. Bogotá, Colombia.: *Intermedio Editores*, pág.136.

ccxixPlanells, J. (1988). Schopenhauer, entre la idolatría y el desprecio. Madrid, España.: *El País*. Consultado el 30 de diciembre de 2011, de http://www.elpais.com/. Léase, además: Moreno, L.F. (2010). Filósofo para esta época. Madrid, España.: *El País*. Consultado el 30 de diciembre de 2012, de http://www.elpais.com/.

ccxxJoseph Conrad. (2013). Valencia, España.: *Proverbia*. Recuperado el 18 de agosto de 2013, de http://www.proverbia.net/. Léase, además: Fourmont, G. (2010). Pesimismo, la receta contra el mal rollo. España, Unión Europea.: *Público*. Información consultada el

18 de agosto de 2013, de http://www.publico.es/culturas/302964/pesimismo-la-receta-contra-el-mal-rollo; Planells, J. (1988). **Schopenhauer, entre la idolatría y el desprecio**. Madrid, España.: *El País*. Consultado el 9 de mayo de 2013, de http://www.elpais.com/.

[ccxxi]**Arthur Schopenhauer**. (2013). España, Unión Europea.: *Literato*. Consultado el 30 de mayo de 2013, de http://www.literato.es/autor/arthur_schopenhauer/.

[ccxxii]Moreno, L.F. (2010). **Filósofo para esta época**. Madrid, España.: *El País*. Consultado el 30 de diciembre de 2012, de http://www.elpais.com/.